아름다운 백화요란의 세계

입체 종이 오리기
인기 패턴 101

오하라 마유미 글·디자인 강현정 옮김

해든아침

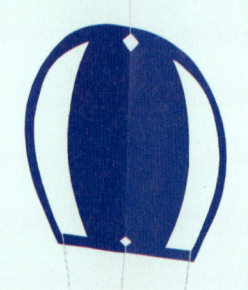

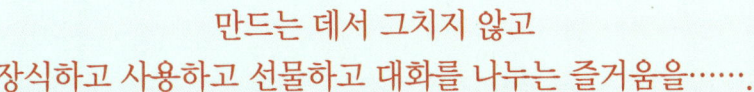

**만드는 데서 그치지 않고
장식하고 사용하고 선물하고 대화를 나누는 즐거움을……**

접어서 오리고 펼치기만 하면 되는 간단한 수공예, 그것이 종이오리기입니다. 종이와 가위라는 일상 속 익숙한 재료를 이용해 짧은 시간에 만들 수 있는 간편함 때문에 많은 사람들이 즐겨하는 놀이입니다. 종이오리기를 즐기는 대부분의 사람들은 입을 모아 '오려 낸 후에 펼치는 순간이 가장 즐겁다'라고 말합니다. 어느 정도 완성된 모습을 예상한다 해도 막상 펼쳤을 때의 형태는 더 멋집니다. 또 자기가 발견하고 깨닫고 고안한 디자인을 활용하기도 쉽기 때문에 세상에서 단 하나뿐인 작품이 차곡차곡 쌓이는 것도 매력입니다. 이처럼 종이오리기는 변화가 풍부하고 자극적이어서 오래도록 계속할 수 있는 취미로서 중요한 장점을 갖추고 있습니다.

이런 종이오리기를 만드는 즐거움은 익히 알고 있는데, 그렇다면 실용 면에서는 어떤 매력이 있을까요?

오려 낸 후 작품을 어떻게 장식하면 좋을까? 어떻게 사용하면 좋을까? 그런 주제에 파고든 것이 본서의 취지입니다. '직접 만들어 낸 예술로 액자를 장식하고, 꽃병이나 과자의 받침종이로 손쉽게 작품을 사용한다.' 그렇게 실생활의 수공예로 좀 더 삶에 가깝게 활용되기를 바라는 마음으로 작품을 모았습니다.

언뜻 디자인이 복잡해 보이는 것도 실제로 종이를 접어 밑그림을 그려보면 의외로 오리는 선이 적습니다. 또 디자인을 간략화해도 되기 때문에, 수고스럽기는 해도 결코 어렵지는 않습니다. 자신의 페이스에 맞춰 짧은 시간에 만든다면 간결한 것을, 여유가 있어 차분히 만들고 싶을 때는 대작에 도전해 보세요.

만드는 즐거움뿐만이 아니라 장식하고 사용하고 선물하고 대화를 나누는 그런 재미를 본서의 종이오리기를 통해서 느껴 보세요.

오하라 마유미

형형색색의 종이로 만드는 백화요란百花燎乱의 작은 세계

종이오리기 작품집   15

기본 종이오리기

종이의 매끄러움, 따뜻함, 덧없음…….
손끝으로 느끼면서 즐기는 종이오리기.

나의 마음을 전하고 싶다는 간절함에서
수작업의 형태가 태어난다.

테이블 위에서 날갯짓하는 나비와 새,
'다녀왔구나' 라는 인삿말이 기다려진다.

스토리가 있는 작품들.
환상의 세계에서
불어오는 바람에 실려
흔들흔들, 사라락사라락.

밑그림 그리는 방법

마음에 드는 디자인을 골라 연필로 베끼세요. 조금 비뚤어지고 선의 수가 많거나 굵기가 달라도 괜찮습니다. 해당 페이지의 도안을 복사해서 사용하는 방법도 있습니다.

✂ 연필로 베낀다

먼저 마음에 드는 디자인을 고른 후 종이 뒤에 밑그림을 그릴 수 있도록 그 디자인 타입으로 종이를 접으세요. 접는 방법은 뒷부분에 자세히 설명되어 있습니다.

처음부터 잘 베껴 그리기는 어려우므로 익숙해지기 전까지 밑그림은 연필로 그리는 것이 좋습니다. 조금 비뚤어지거나 틀리더라도 신경 쓰지 마세요. 처음에는 선의 수를 줄여서 그리거나 창문을 오리지 않고 면으로 만드는 등 오리기 쉽게 단순한 디자인으로 하는 것이 좋습니다.

✂ 복사해서 밑그림으로 사용한다

기본 종이오리기(A~F 타입)에서는 12×12㎝ 크기의 정사각형에 맞춰 도안을 실었습니다. 밑그림을 직접 종이에 그리는 방법 외에도 해당 페이지를 복사해서 밑그림으로 사용해도 됩니다. 또 15×15㎝나 18×18㎝ 색종이를 사용할 경우에는 다음과 같은 확대 비율로 복사해서 사용하세요.

12×12㎝
색종이로 만들 경우
100%

확대비율

15×15㎝
색종이로 만들 경우
125%

18×18㎝
색종이로 만들 경우
150%

다른 방법으로는 복사해서 만든 밑그림을 B나 2B처럼 부드럽고 진한 연필로 그린 후, 종이와 밑그림의 형태를 맞춰서 포갠 위에 선을 덧그리면 됩니다. 또 도안과 종이 사이에 카본지를 끼워 선을 덧그리면 밑그림을 편하게 그릴 수 있습니다.

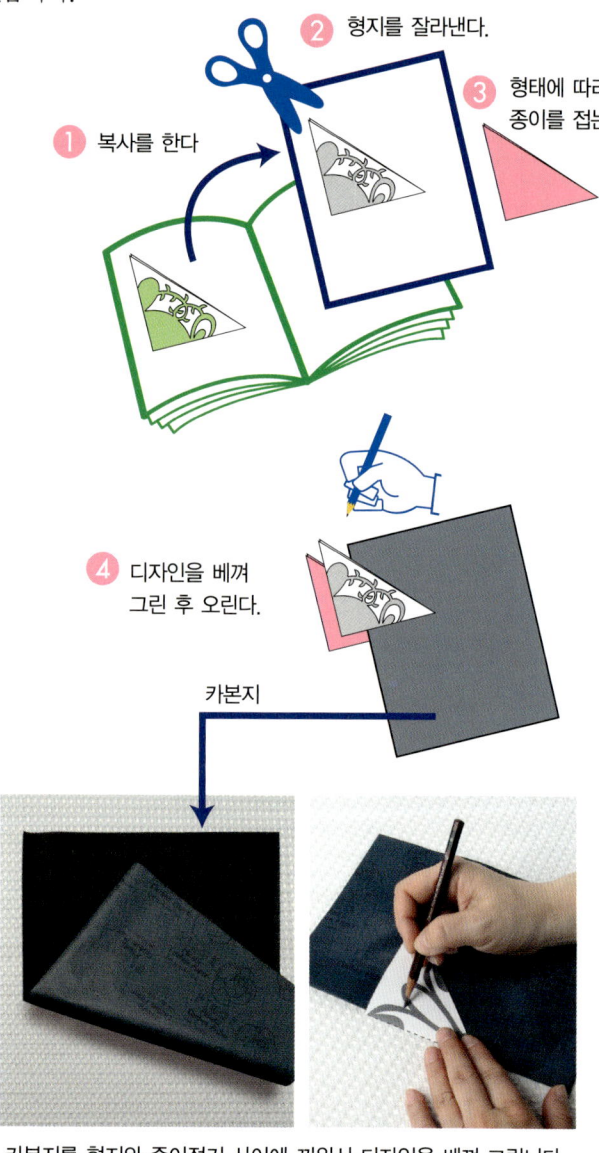

① 복사를 한다
② 형지를 잘라낸다.
③ 형태에 따라 종이를 접는다.
④ 디자인을 베껴 그린 후 오린다.

카본지

카본지를 형지와 종이접기 사이에 끼워서 디자인을 베껴 그립니다.

카본지 종이 사이에 끼워 복사하는 데 사용하는 감압지. 먹이나 납, 기름 등이 내구성 있는 종이에 스며드는 방법이기 때문에 일반적으로 검은색입니다.

가위와 칼의 사용방법

가위와 칼은 다양한 디자인과 용도가 있으니, 손의 크기에 맞고 잘 구사할 수 있는 도구를 선택하면 됩니다.

가위

종이를 가위 날의 중심 부분까지 넣고 자르세요. 힘을 과하게 주지 않으면 반듯하게 오려집니다.

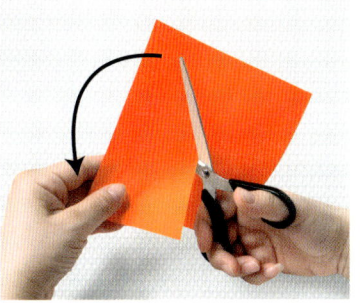

방향을 바꾸거나 각도를 맞춰 오릴 때는 가위는 되도록 움직이지 말고 종이를 회전시켜 오립니다.

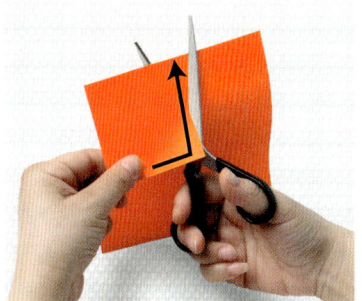

종이를 회전시켜 방향을 전환합니다. 예각 부분을 오릴 때는 일단 가위를 떼었다가 다시 넣어서 종이의 끝 부분부터 접점까지 자르면 됩니다.

경작업용 커터

작업용 칼은 검지로 위에서 칼날을 누르듯이 쥐면 됩니다. 커팅매트를 사용합니다. 내 쪽으로 똑바로 그어 자릅니다. 칼날의 진행방향에 절대로 다른 손을 올려놓지 마세요.

세공용 커터

세공용 칼은 펜으로 선을 그리는 것처럼 오릴 수 있습니다. 또 곡선도 잘 오려집니다. 이때도 기본적으로 칼은 내 쪽으로 똑바로 긋고 종이의 방향을 바꾸면서 오리세요.

깨끗하게 오리는 방법

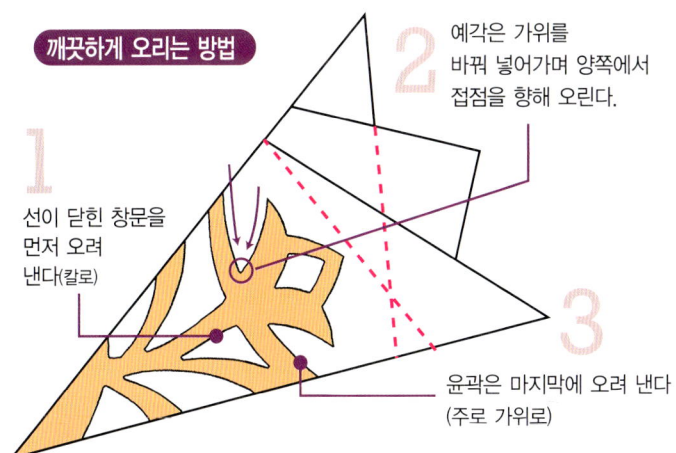

1 선이 닫힌 창문을 먼저 오려 낸다(칼로)

2 예각은 가위를 바꿔 넣어가며 양쪽에서 접점을 향해 오린다.

3 윤곽은 마지막에 오려 낸다 (주로 가위로)

· 칼로 오릴 때는 일단 처음에 칼끝을 넣은 후 앞쪽으로 당겨 오립니다.

· 한 작품을 오릴 때마다(혹은 바꿀 때마다) 칼날은 잘라주는 것이 좋습니다.

· 모서리 부분이 잘리지 않을 때는 뒤집어서 그 접점을 칼날 끝으로 오립니다. 절대로 힘을 주어 뜯어내지 마세요.

· 오려서 펼친 작품은 한동안 책에 끼워놓고 접힌 자국을 펴면 한결 사용하기 편해집니다.

접는 선을 내는 방법

주로 칼날의 등 부분을 사용해서 종이에 접는 자국을 냅니다. 특히 카드나 입체적인 작품에서는 깔끔한 형태로 완성하기 위해서 중요한 작업입니다. 스타일러스라는 편리한 도구도 소개합니다.

✂ 칼날의 등 부분을 사용한다

O로 감싼 칼날의 등 부분을 종이에 대고 선을 긋습니다.

자를 대고 힘을 너무 주지 않고 종이 겉면만 긁듯이 긋습니다.

칼날 등이라고 해도 힘을 과하게 주면 종이까지 자르게 됩니다. 접는 선은 접을 수 있을 만큼 자국을 내는 것입니다.

✂ 스타일러스를 사용한다

이 도구를 처음 보는 분도 있을 것입니다. 글자 씰을 문질러서 종이 등에 붙일 때 사용하는 철필로 원래의 용도는 인스턴트 레터링입니다. 스타일러스의 양끝은 굵기와 형태의 차이가 있는데 그중 가는 쪽을 종이에 대고 자국을 냅니다.

> 일본재료로, 한국에서는 쉽게 구할 수 없습니다. 만화가들이 스크린톤을 붙일 때 이용하기도 합니다.

스타일러스의 선세측을 자에 대고 종이 겉면에 선 자국을 냅니다. 끝이 둥글기 때문에 종이가 잘리지 않습니다.

한 번에 세게 자국을 내지 말고 힘을 조절해서 2~3회 선을 그으세요. 칼날의 등으로 작업할 때와 마찬가지입니다.

접는 선을 이용해 접으면 깔끔하게 접을 수 있습니다. 종이에 쓸데없는 자국이 생기지도 않습니다.

> 이런 방법도 있다

스타일러스의 굵은 쪽으로 작품의 테두리를 누릅니다. 그러면 테두리가 걸리지 않게 됩니다.

색색깔의 종이로 만드는
백화요란 百花燎亂의 작은 세계

종이오리기
작품집

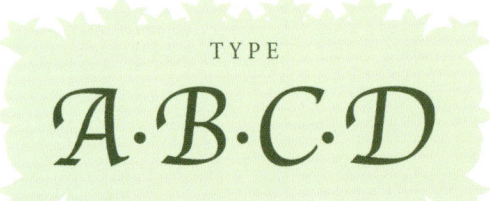

TYPE A, B, C, D 만드는 방법

A·B·C·D 타입은 기본적으로
종이를 계속 반으로 접는 방법이기 때문에 두께가 점점 증가합니다.
이 타입은 종이의 끝 부분을 정확하게 맞춰 접어야 합니다.

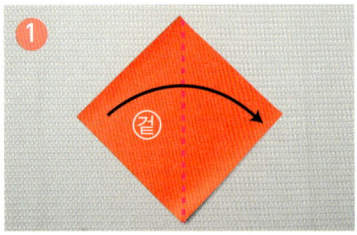

사진처럼 종이를 반으로 접어 삼각형으로 만드세요.

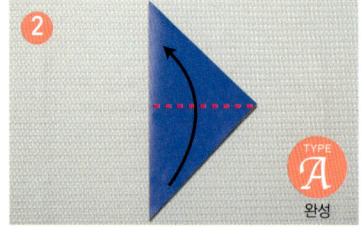

A타입이 완성되었습니다. 다시 반으로 접어 삼각형으로 만드세요.

B타입이 완성되었습니다.

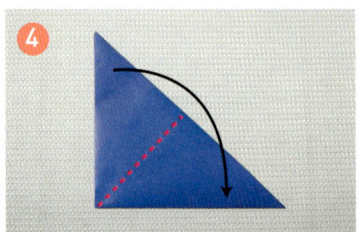

B타입 상태에서 종이를 반으로 접었다 편 후 위의 한 장만 앞쪽으로 접으세요.

남은 한 장을 뒤쪽으로 접으세요.

C타입이 완성되었습니다.

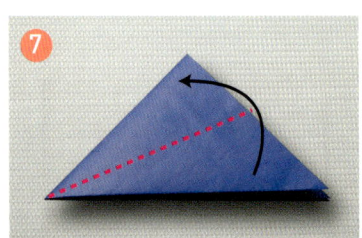

C타입 상태에서 종이를 반으로 접었다 편 후 위의 2장만 안쪽으로 접으세요.

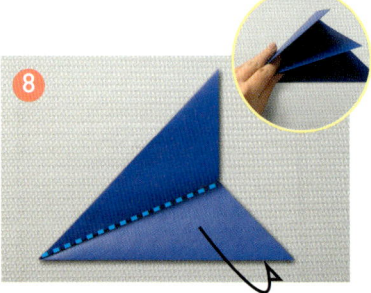

남은 한 장을 뒤쪽으로 접으세요.

D타입이 완성되었습니다.

TYPE **A**

정사각형 종이를 삼각형이 되도록 반으로 접은 모양입니다. 종이 두께가 얇아서 오리기는 쉽지만 디자인 면적이 넓기 때문에 오려야 할 선이 많아집니다.

접고 오리고 펼친다

뒷면에 밑그림을 그린 후 선을 따라 신중하게 오리세요. 다 오린 후 종이를 뒤집으면 완성입니다.

TYPE **B**

정사각형 종이를 사등분하여 접은 모양입니다. 종이 두께는 그리 두껍지 않고 선이 닫힌 창문도 힘들지 않게 오릴 수 있습니다.

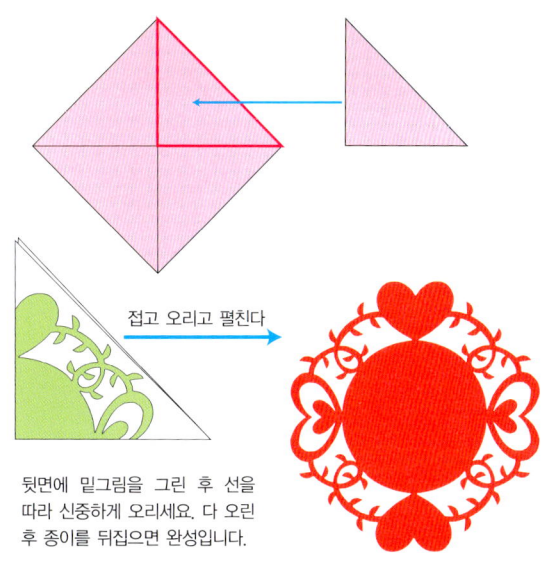

접고 오리고 펼친다

뒷면에 밑그림을 그린 후 선을 따라 신중하게 오리세요. 다 오린 후 종이를 뒤집으면 완성입니다.

TYPE **C**

종이를 8겹으로 접은 모양입니다. 두꺼운 종이를 사용하면 오리기도 힘들고 종이가 어긋날 수도 있으니 가능한 얇은 종이를 사용하세요.

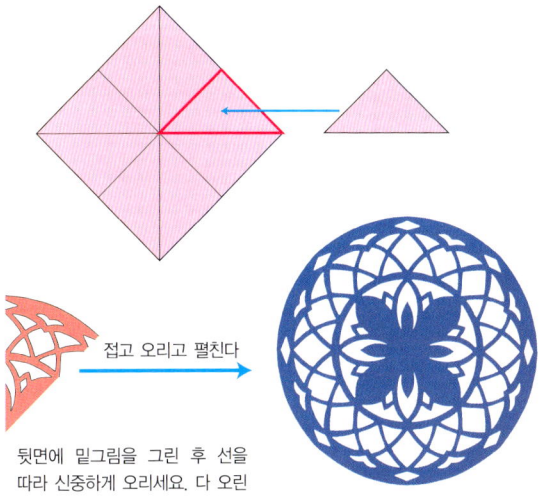

접고 오리고 펼친다

뒷면에 밑그림을 그린 후 선을 따라 신중하게 오리세요. 다 오린 후 종이를 뒤집으면 완성입니다.

TYPE **D**

종이를 16겹으로 접은 모양입니다. 얇은 종이를 사용하는 것이 좋으며 섬세한 디자인은 오리기 힘듭니다. 대신 심플한 디자인이라도 완성되면 정교한 느낌이 납니다.

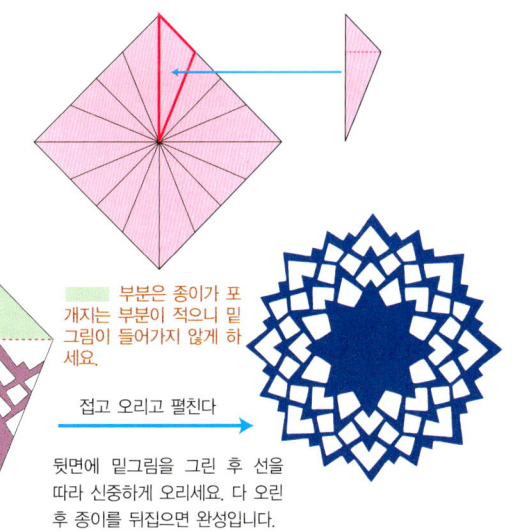

부분은 종이가 포개지는 부분이 적으니 밑그림이 들어가지 않게 하세요.

접고 오리고 펼친다

뒷면에 밑그림을 그린 후 선을 따라 신중하게 오리세요. 다 오린 후 종이를 뒤집으면 완성입니다.

TYPE *A*

도안은 12×12cm 실치수입니다.

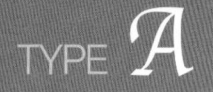

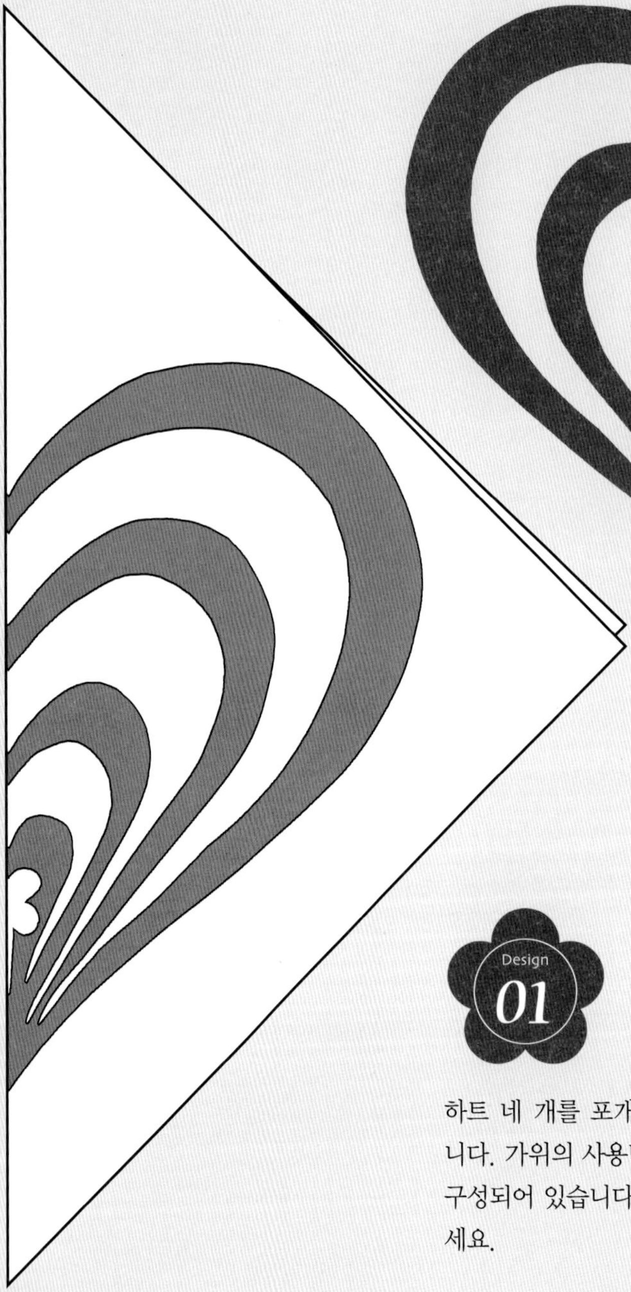

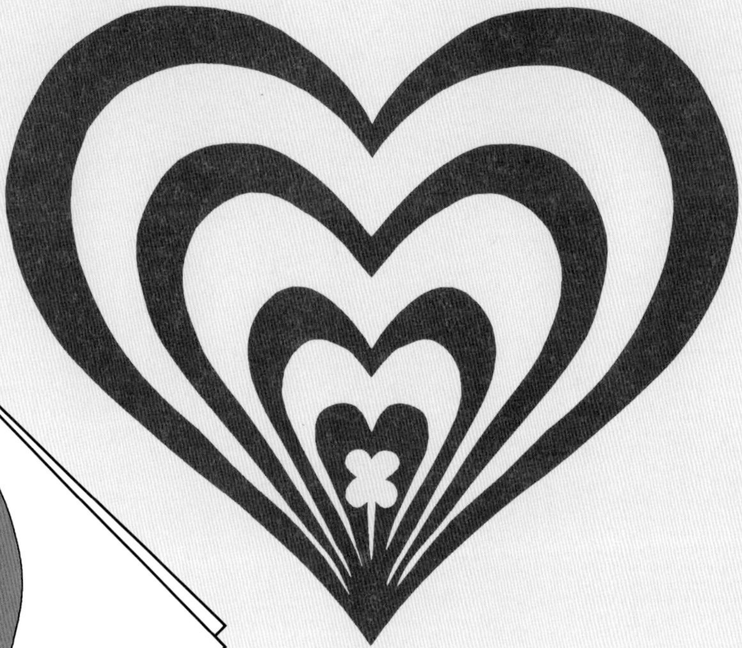

Design

01

하트 네 개를 포개고 네잎클로버를 포인트로 배치했습니다. 가위의 사용법을 연습할 수 있도록 심플한 선으로 구성되어 있습니다. 가위가 아닌 종이를 움직여 잘라 보세요.

중앙에 커다란 하트를 대담하게 배치했습니다. 여기에
메시지를 적어 사용해 보세요. 이 하트의 안쪽 부분을
좀 더 작은 하트로 오려 내는 연출도 멋질 것입니다.

Design 03

작은 과실을 리드미컬하게 배치했습니다. 잎사귀 부분
에서는 오려 내는 부분과 면으로 보이는 부분이 번갈아
나타납니다. 칼로 창을 오려 내는 연습을 해 보세요.

Design
04

꽃다발을 모티브로 디자인한 작품입니다. 완성된 작품
이 매우 섬세하니 포토프레임에 넣어 장식해 보는 것은
어떨까요?

Design
05

식물의 실루엣을 장식창으로 이미지화하여 디자인한 작품입니다. 직선 부분은 자를 대고 칼로 오려 내도 됩니다. 칼을 똑바로 내 쪽으로 당겨서 오리려면 종이의 방향을 부지런히 바꾸셔야 합니다.

마음을 담아
열중해서 차분히 만들고 싶다.

TYPE B

도안은 12×12cm 실치수입니다.

Design 06

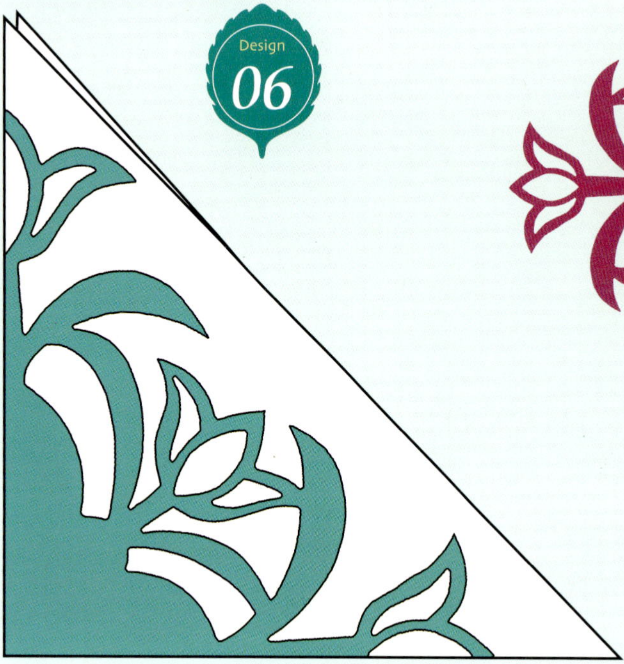

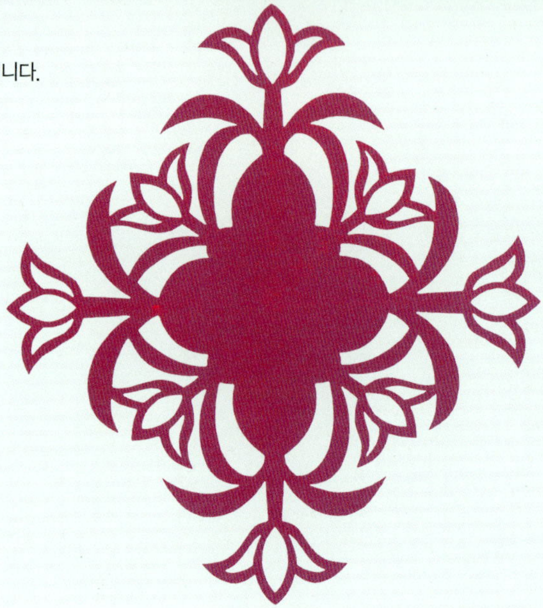

튤립을 모티브로 디자인한 작품입니다. 한가운데의 면에 잔을 올려 코스터로 사용하거나 메시지를 적어 선물해도 좋을 것입니다.

Design 07

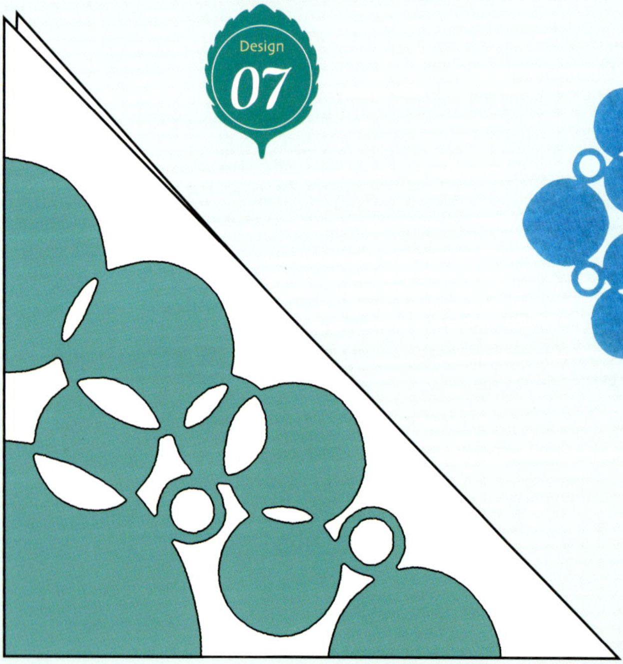

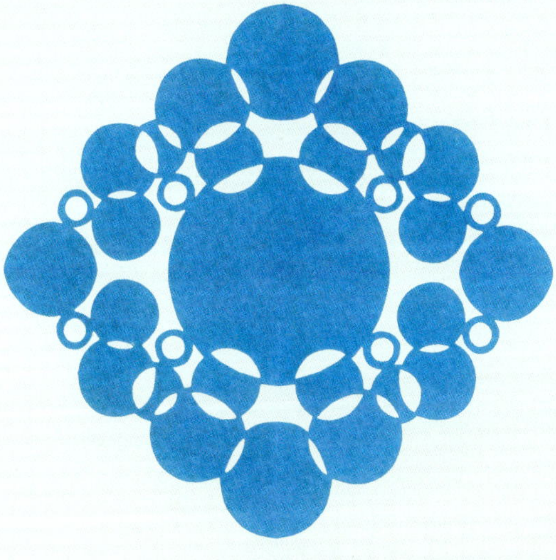

수면의 반사광 이미지를 디자인한 작품입니다. 밑그림을 그릴 때는 컴퍼스나 원형자를 이용해서 원을 그리고, 오릴 때는 손으로 자유롭게 오리는 것이 좋습니다.

Design **08**

굵은 사각형 테두리에 꽃봉오리가 잔뜩 맺힌 식물이 휘감겨 있습니다. 하트 부분은 안쪽을 조금 더 작은 하트로 오려 내어 선으로 만들어도 멋집니다.

Design **09**

잎사귀만으로 구성된 작품입니다. 기본적으로 선이 닫혀 있는 창문 부분을 칼로 먼저 오려 내고, 그 후에 가위로 외곽 틀을 오리는 순서대로 합니다.

도안은 12×12cm 실치수입니다.

Design 10

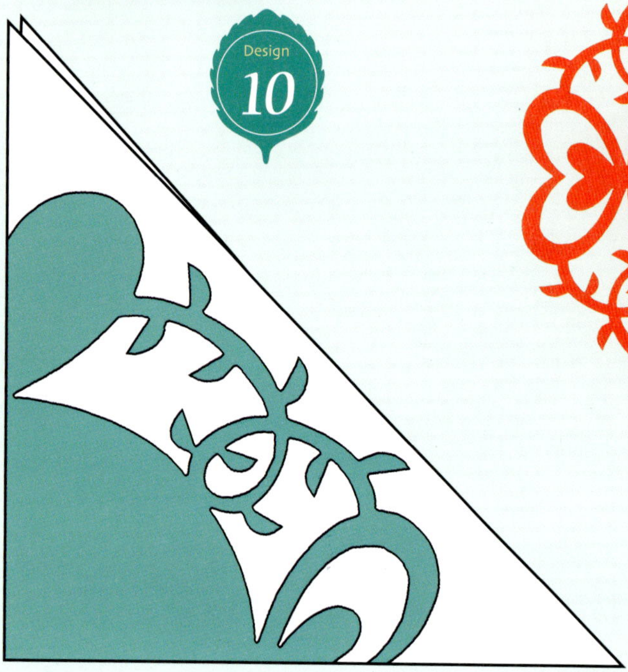

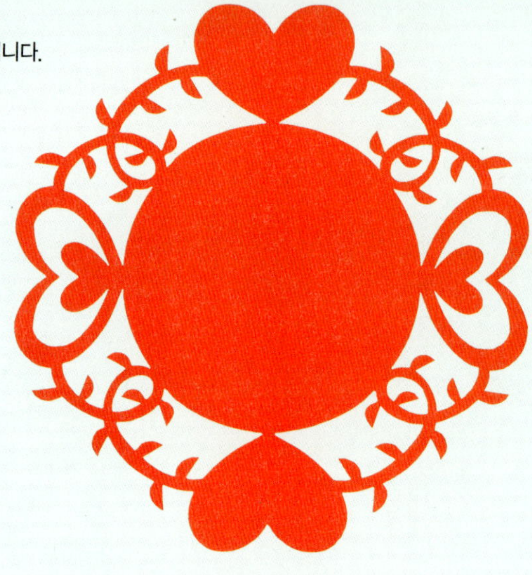

하트와 담쟁이덩굴을 모티브로 한 꽃병 받침종이입니다. 잡지에서 사진을 오려 내어 큰 원에 붙여도 좋을 것입니다.

Design 11

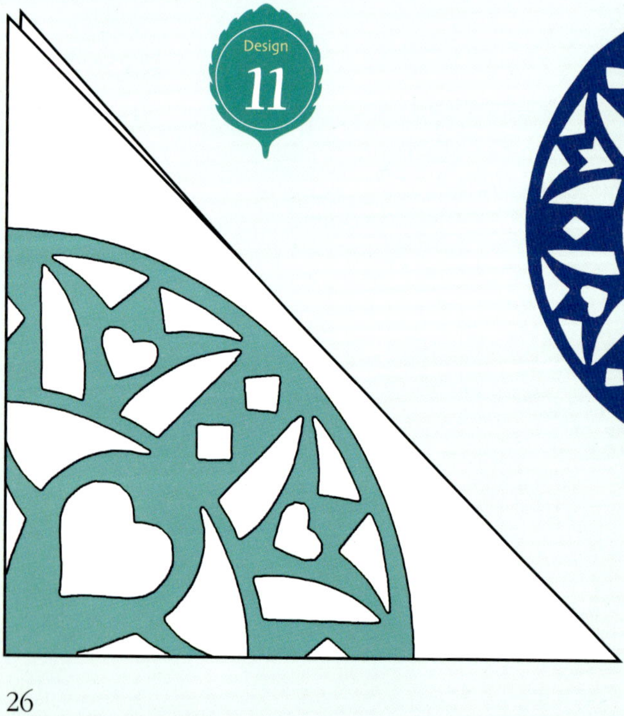

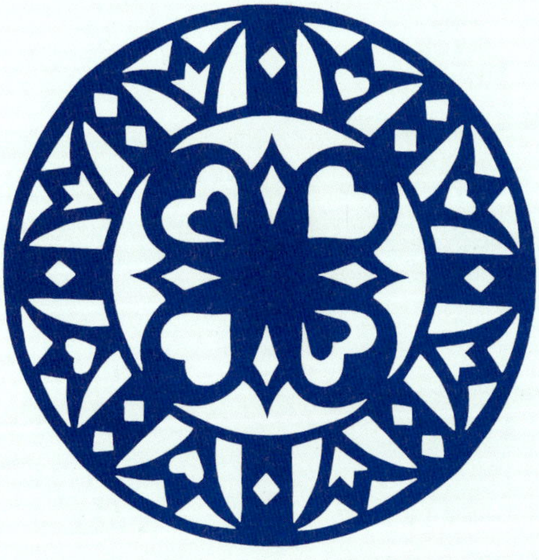

날카롭게 오려 내는 모서리가 많으므로 종이의 방향을 조절하여 칼을 바꿔 넣어가며 자르세요. 모서리가 붙어 있으면 뒤에서 접점을 칼날로 찔러 떼어 내세요.

일제히 만발한 꽃의 모습을 표현한 작품입니다.
선으로 표현한 꽃의 경우 선의 굵기에 강약을
넣어 원근감에 의해서 움직임을 느낄 수 있도록
완성해 보세요.

불꽃이 타오르는 듯 흐드러지게 피어난 남국의
꽃을 모티브로 디자인한 작품입니다. 예각 부분
이 달라붙어 있으면 뒤에서 접점을 향해 칼날을
넣어 잘라내세요.

확대 비율 12×12 종이접기 (100%)   15×15 종이접기 (125%)   18×18 종이접기 (150%)   27

도안은 **12×12**cm 실치수입니다.

Design
14

선의 굵기나 밀도의 균형에 원근감을 준 작품으로 전체가 한 송이의 꽃으로 보이게 완성해 보았습니다. 색깔이나 꽃의 크기, 종이 사이즈를 다르게 만들어 보세요.

Design
15

잎사귀끼리 작은 접점으로 연결된 작품으로, 만화경을 들여다 보는 느낌이 나도록 완성하였습니다. 다 오려 낸 후 펼칠 때는 종이가 찢어지지 않도록 한 장씩 벗겨내듯이 살며시 펼치세요.

모든 부분이 하트로 구성된 하트만발의 작품입니다. 아름다운 곡선을 실수없이 오릴 수 있도록 종이의 방향을 부지런히 바꿔가며 어긋나지 않도록 신중하게 진행하세요.

커다란 꽃의 실루엣을 한가운데 배치한 작품입니다. 서양식 앤틱 가구의 장식에서 힌트를 얻어 디자인했습니다. 잔을 올려 코스터로 사용하거나 편지지로 사용해 보세요.

도안은 **12×12cm** 실치수입니다.

Design
18

네 송이의 꽃을 십자가 모양으로 나타낸 작품입니다만 멀리서 보면 전체가 한 송이의 꽃처럼 보여 재미있는 착각을 즐길 수 있습니다. 선의 굵기에 크게 변화를 주지 않고 차분한 분위기로 완성했습니다.

Design
19

원형 테두리에 섬세한 디자인을 채운 작품입니다. 날카로운 각도로 오려 낸 모서리가 제대로 떨어지지 않았다면 뒤에서 접점을 향해 칼을 넣고 오려 내세요.

직선만으로 구성된 작품입니다. 밑그림을 그릴 때는 자를 사용해서 깔끔한 직선을 그리고, 오릴 때는 자를 사용하지 않고 프리핸드로 작업해서 다소 거친 맛을 살리는 것도 괜찮지 않을까요?

많은 창문이 드러나서 화려한 작품입니다. 가위로 오릴 때는 종이의 방향을 부지런히 바꾸며 각도를 확실하게 내어 방향전환하세요. 예각에서는 칼날을 다시 넣고 오리세요.

수공예 꽃으로 둘러싸인 티타임.
친구와 나누는 담소마저도
화사하게 물들인다.

도안은 **12×12**cm 실치수입니다.

Design 22

접은 상태에서는 상당히 종이가 두꺼워집니다. 가위는 중심을 이용해서 자르고, 칼은 일단 칼끝을 깊게 찔러 넣은 후 내 쪽으로 당겨 자릅니다.

Design 23

직선으로만 구성된 작품입니다. 밑그림을 그릴 때는 자를 사용해서 깔끔한 직선을 그리고, 오릴 때는 가위를 사용해서 프리핸드로 오리세요.

Design 24

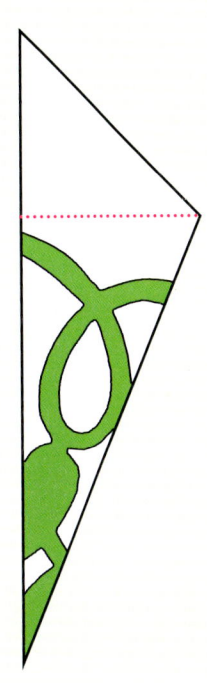

종이가 두꺼워서 칼로 창문을 오려 내는 데 힘이 듭니다. 자르는 맛을 좋게 하기 위해서 칼날을 꺾어 새로운 칼날로 오리세요. 칼끝은 한 작품마다 꺾어주는 것이 기본입니다.

Design 25

가위의 중심 쪽을 이용해서 매끄러운 선을 오려 내세요. 다 오린 후 절단면에서 종이가 압착되어 붙어 있는 경우에는 한 장씩 벗겨 내듯이 살짝 펼치세요.

Design
26

작은 꽃잎을 한가득 펼치면 한 송이의 꽃으로 완성되는 작품입니다. 각각의 선은 모두 직선이므로 가위든 칼이든 작게 움직이지 말고 한 번에 오리세요.

Design
27

16장의 꽃잎이 달린 꽃이 한가운데 크게 피어 있는 디자인입니다. 이 면에 여행지에서 생긴 일이나 기록을 남겨 앨범정리에 활용하는 것도 한 가지 아이디어입니다.

곡선과 직선의 꽃잎이 번갈아 반
복되는 강약을 준 디자인입니다.
완성한 작품은 공을 들인 것처럼
보이지만 사실은 가위만으로도 오
려 낼 수 있는 간단한 작품입니다.

많은 양초를 나타낸 디자인입니
다. 세심하게 오려 내는 부분이
많기 때문에 한 장씩 벗겨내듯이
조심스럽게 펼쳐야 합니다. 펼친
작품은 한동안 책 사이에 끼워두
세요.

TYPE E 만드는 방법

TYPE E 만드는 방법

E타입은 정사각형의 대각선이 교차하는 점을 중심으로 한 원을
10겹으로 접어서 별모양을 살린 디자인에 적합합니다.

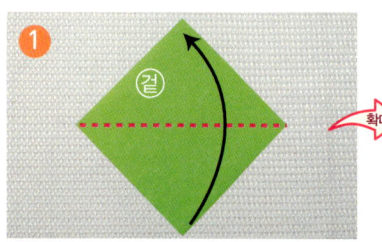

사진과 같이 종이를 반으로 접어 삼각형
으로 만드세요.

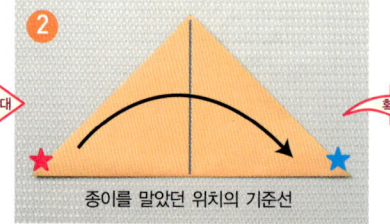

정확하게 접기 위해서 표시를 합니다. 선
은 접지 않은 상태에서 ★과 ★부분을
맞추세요.

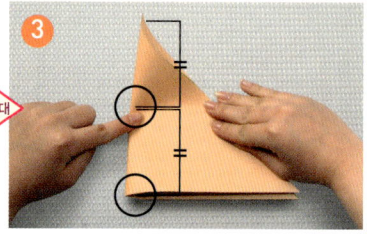

○ 부분만 손으로 눌러서 표시한 후 종이
를 펴세요.

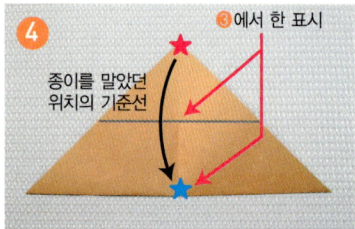

선을 접지 않은 채 ★과 ★을 맞추세요.

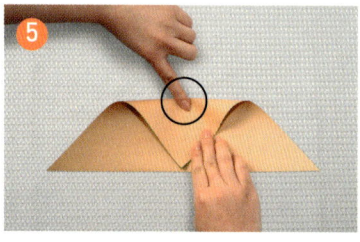

○ 부분만 손으로 눌러서 표시한 후 종이
를 펴세요.

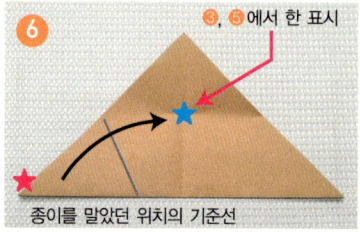

선을 접지 않은 채 ❸, ❺에서 표시한 중
앙의 ✚표시에 ★에 ★의 모서리를 맞추
세요.

○ 부분만 손으로 눌러서 표시한 후 펼치
세요.

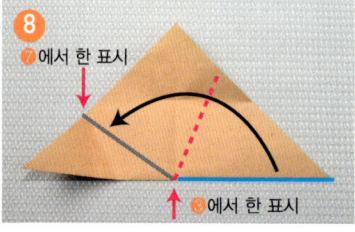

❸, ❼에서 한 표시가 연결된 선 ▬▬에
▬▬로 표시한 오른쪽 밑변을 맞춰서 접
으세요.

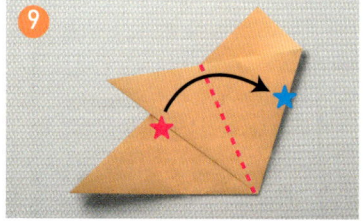

★과 ★의 변을 맞춰 접으세요.

38

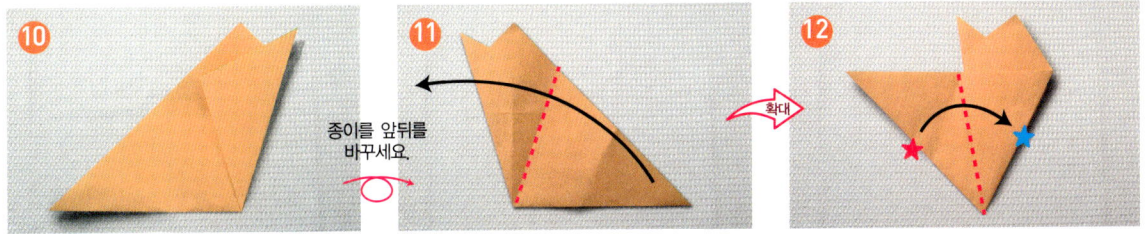

10 사진처럼 되도록 오른쪽의 종이를 뒤로 접으세요.

종이를 앞뒤를 바꾸세요.

11 오른쪽을 뒤의 선에 맞춰 왼쪽으로 접으세요.

확대

12 ★과 ★의 변을 맞춰서 접으세요.

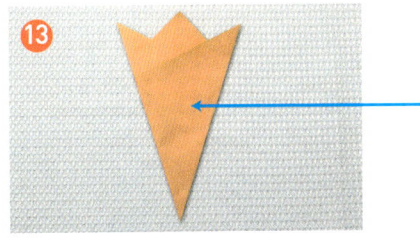

13

E타입이 완성되었습니다.

안쪽이 밖으로 보이도록 완성되었습니다. 여기에 마음에 드는 디자인의 밑그림을 그린 후 잘라서 펼쳐 보세요.

접는 방법이 복잡하게 보일 수도 있지만 불필요한 선이 남지 않으면서 위에서 보면 전부 병풍처럼 접히고, 종이의 두께 때문에 형태가 어긋나지 않도록 연구한 것입니다. 이렇게 하면 접은 선에 걸쳐 있는 부분이 아름답게 완성됩니다.

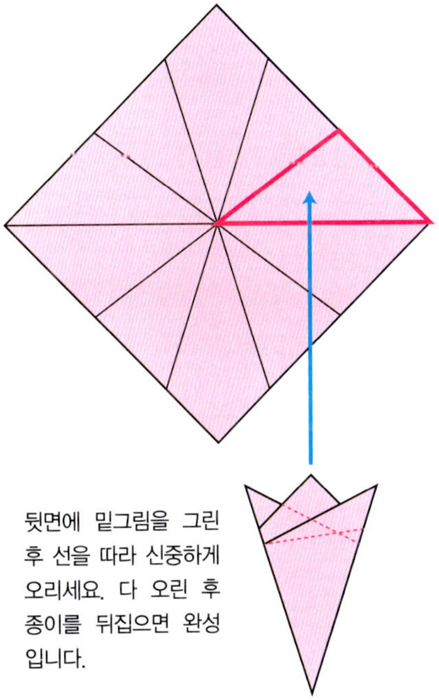

뒷면에 밑그림을 그린 후 선을 따라 신중하게 오리세요. 다 오린 후 종이를 뒤집으면 완성입니다.

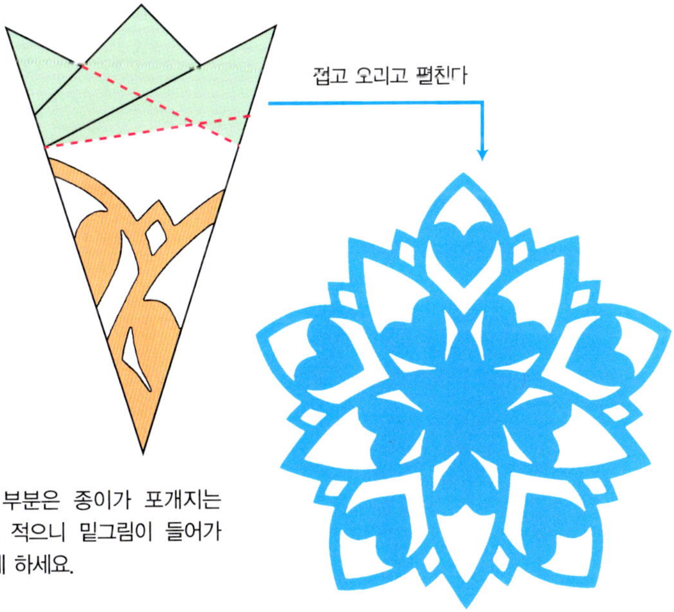

접고 오리고 펼친다

부분은 종이가 포개지는 부분이 적으니 밑그림이 들어가지 않게 하세요.

도안은 **12×12cm** 실치수입니다.

Design
30

벚꽃을 모티브로 한 작품으로, 장식이 달린 하트를 꽃잎 사이에 배치했습니다. 가위만으로 오려 낼 수 있는 심플한 구성입니다만, 선의 굵기나 변화에 주의하여 강약을 살려 보세요.

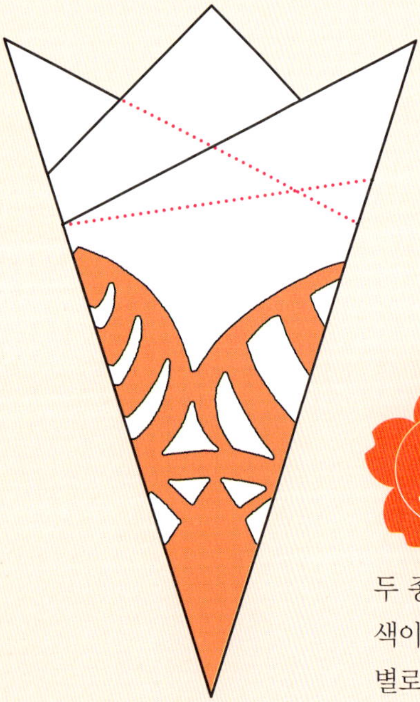

Design
31

두 종류의 잎사귀를 조합하여 강약을 준 작품입니다. 녹색 외에도 연두색이나 노란색, 갈색이나 오렌지, 진홍색 종이로 만들어 보세요. 색깔별로 계절감을 표현할 수 있습니다.

확대 비율　12×12 종이접기 **100**%　15×15 종이접기 **125**%　18×18 종이접기 **150**%

같은 작품에서 응용한,
장식하는 재미와 활용하는 재미.

도안은 12×12cm 실치수입니다.

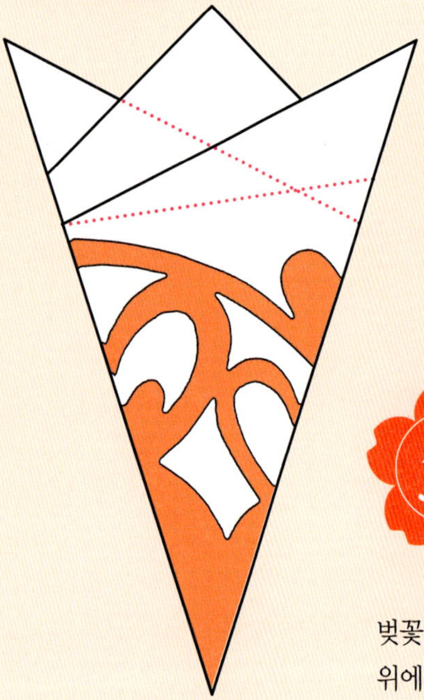

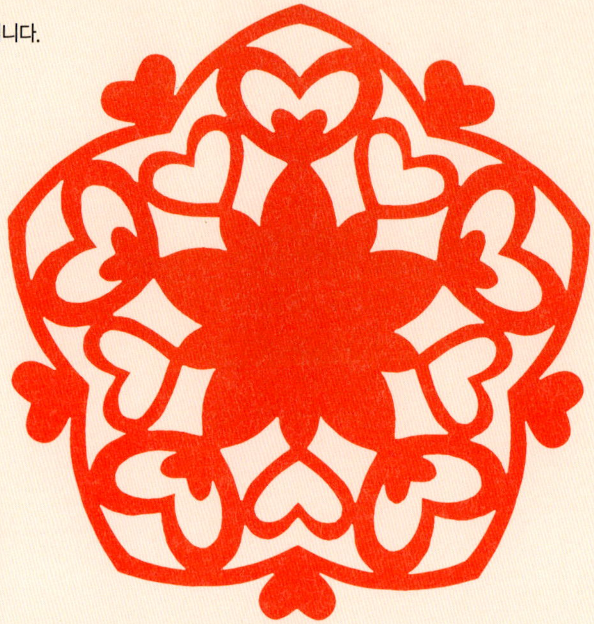

Design 32

벚꽃 모양의 테두리에 많은 하트를 아로새긴 화려한 작품입니다. 접시 위에 작품을 올려놓고 과자의 받침종이로 사용하는 것은 어떨까요?

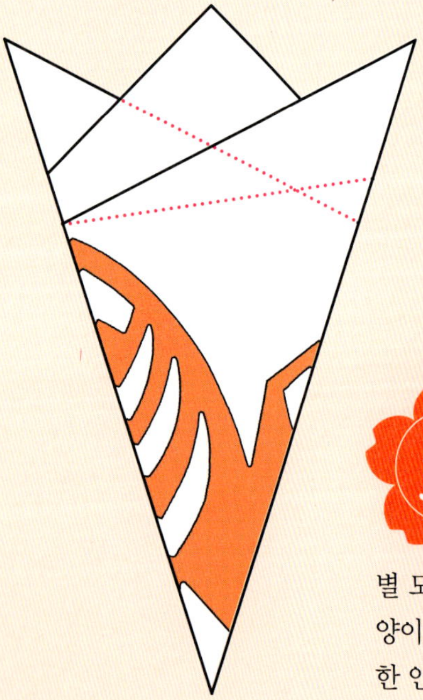

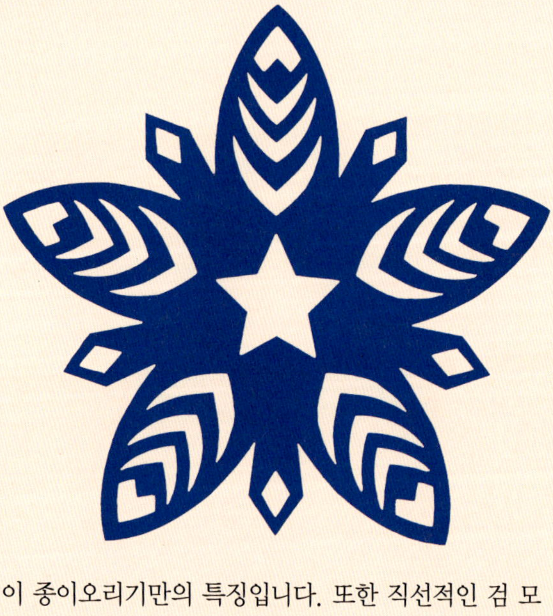

Design 33

별 모양의 창문은 이 종이오리기만의 특징입니다. 또한 직선적인 검 모양이 부드러운 곡선의 잎사귀로 인해 한층 돋보이기 때문에 매우 샤프한 인상을 줍니다.

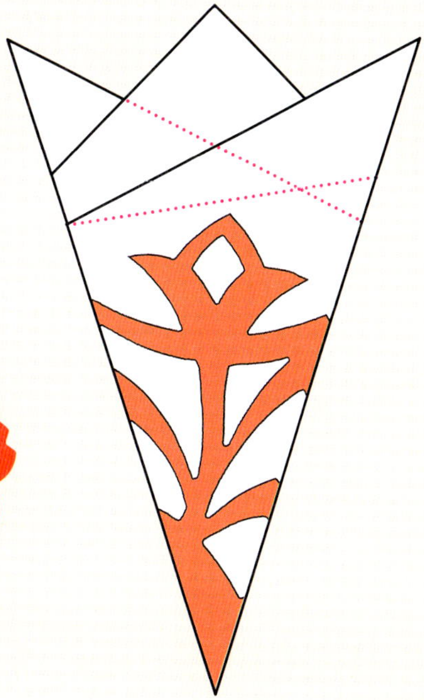

Design 34

열 개의 꽃봉오리가 흔들리는 모습을 디자인한 작품입니다. 선의 굵기
차이에 주의해서 오리세요. 귀찮아도 칼날을 부지런히 꺾어 새 칼날을
사용하세요.

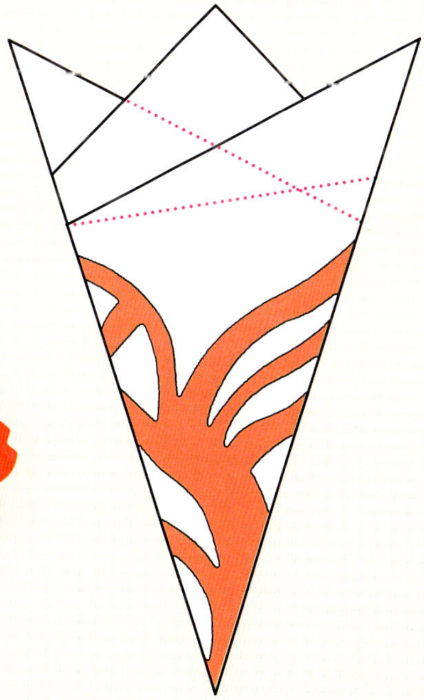

Design 35

굵은 선으로 구성된 힘 있는 이미지의 작품입니다. 미묘하게 완곡한 선
의 흐름에 주의해서 오리세요. 선의 굵기 차이를 견본보다 극단적으로
연출하면 또 다른 분위기로 완성됩니다.

확대 비율 12×12 종이접기 **100**% 15×15 종이접기 **125**% 18×18 종이접기 **150**% 43

TYPE *E*

도안은 12×12cm 실치수입니다.

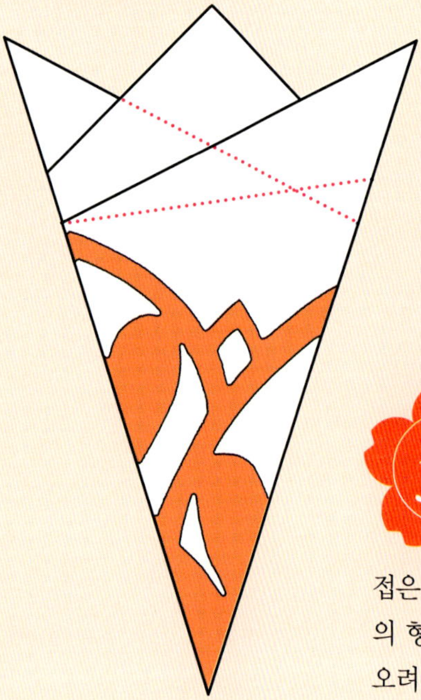

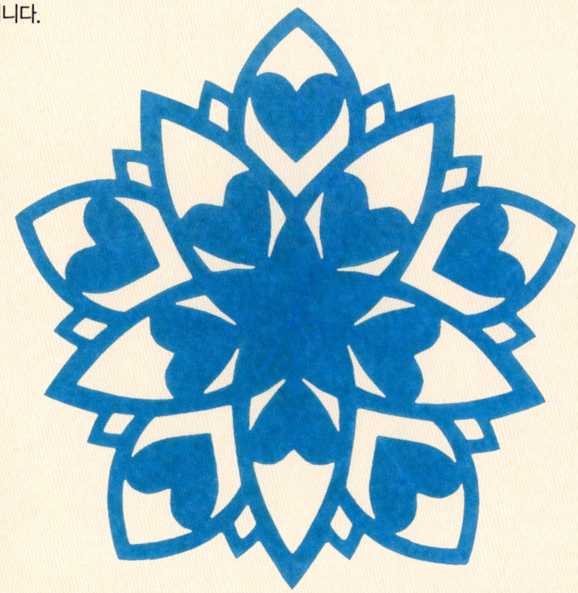

Design 36

접은 선에 걸치듯이 하트의 반을 밑그림으로 그리고, 펼쳤을 때 선대칭의 형태로 하트를 만드는 작품입니다. 하트의 안쪽을 조금 작은 하트로 오려 내어 선으로 만들어도 괜찮을 것입니다.

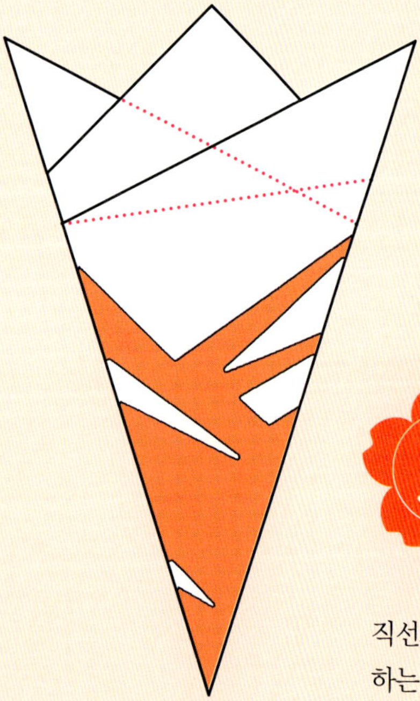

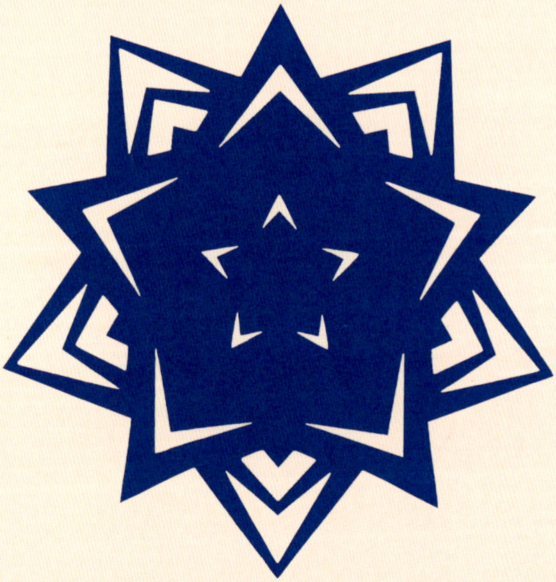

Design 37

직선으로만 구성되어 가위로만 오릴 수 있는 작품입니다. 오리기 시작하는 부분을 크게 벌린 가위의 중심에 댄 후 단숨에 오리세요.

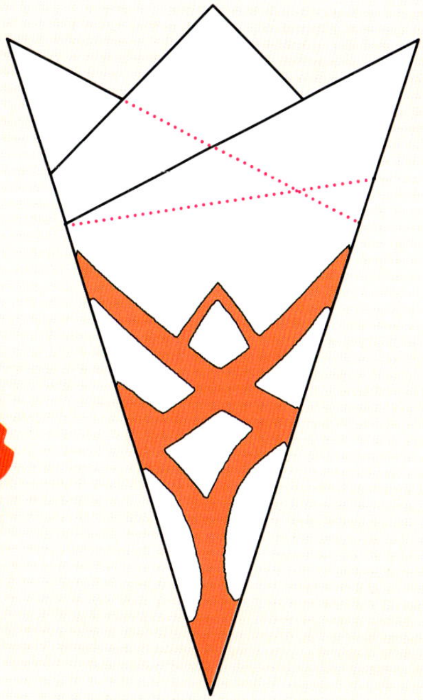

Design 38

바깥쪽에 늘어선 예각의 뾰족한 부분과 한가운데에 피어난 부드러운 곡
선의 꽃이 대비되는 재미있는 작품입니다. 각 부분에서 선의 굵기만 바
꾸어도 확연히 다른 분위기의 작품이 됩니다.

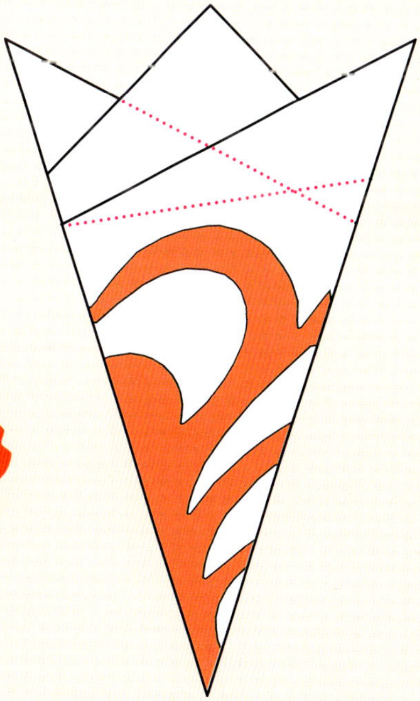

Design 39

하트 모양의 꽃잎 안에 별 모양의 꽃이 핀 귀여운 이미지의 작품입니다.
가위만으로도 오릴 수 있는데, 이때는 종이의 방향을 부지런히 조절해
가면서 매끄러운 선을 오려 내야 합니다.

TYPE F 만드는 방법

F타입은 정사각형의 대각선이 교차하는 점을 중심으로,
한 원을 6겹으로 포개어 접어서 6장의 꽃잎을 살리는 디자인에 적합합니다.

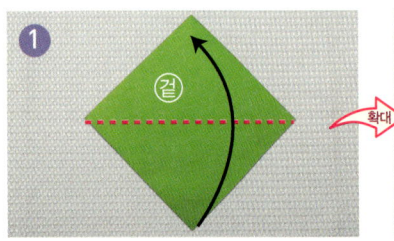

사진처럼 종이를 반으로 접어 삼각형으로 만드세요.

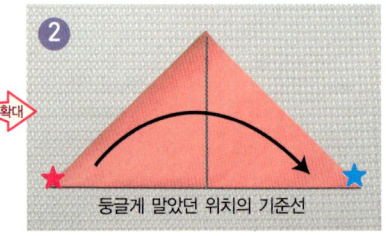

둥글게 말았던 위치의 기준선

정확하게 접기 위해서 표시를 합니다. 선은 접지 않은 채 ★과 ★ 부분을 맞추세요.

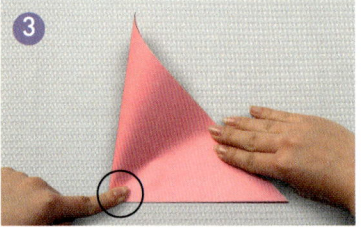

○ 부분만 손으로 눌러서 표시한 후 펼치세요.

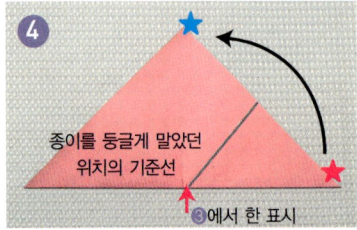

종이를 둥글게 말았던 위치의 기준선

③에서 한 표시

선을 접지 않은 채 ★과 ★을 맞추세요.

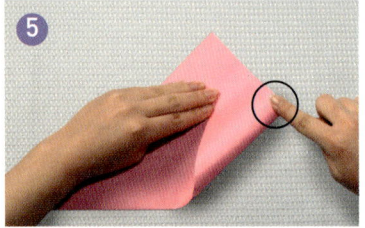

○ 부분만 손으로 눌러서 표시한 후 종이를 펴세요.

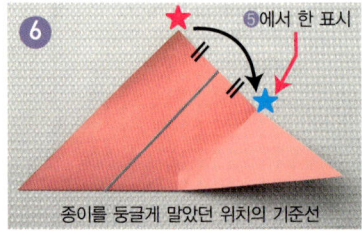

⑤에서 한 표시

종이를 둥글게 말았던 위치의 기준선

선을 접지 않은 채 ★에 ★의 모서리를 맞추세요.

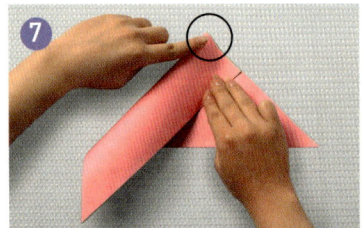

○ 부분만 손으로 눌러서 표시한 후 펼치세요.

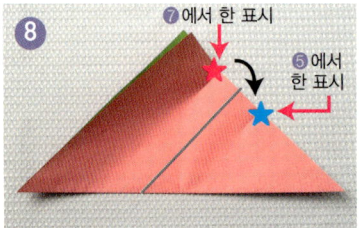

⑦에서 한 표시

⑤에서 한 표시

선을 접지 않은 채 ★(⑦에서 표시한 곳)과 ★(⑤에서 표시한 곳)를 맞추세요.

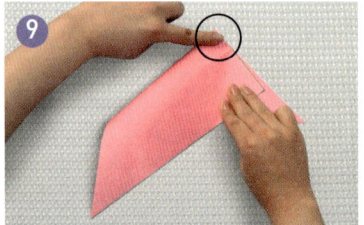

종이를 둥글게 말은 곳만 손으로 눌러서 표시한 후 펼치세요.

10 ❾에서 한 표시

❾에서 한 표시

❸에서 한 표시

11 확대

12 종이를 반대로 뒤집으세요.

❸ ❾에서 한 표시가 연결된 선 ━━ 에 ━━ 로 표시한 왼쪽의 밑변을 맞춰서 접 으세요.

사진처럼 되면 종이를 뒤집으세요.

★과 ★의 변을 맞춰서 접으세요.

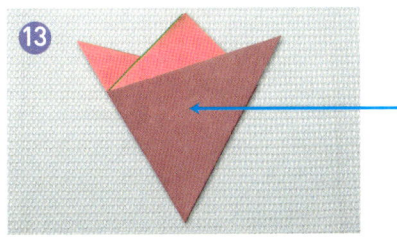

13

F타입이 완성되었습니다.

종이의 뒷면이 맨 위에 접혀 있습니다. 여기에 좋아하는 디자인의 밑그림을 그린 후 잘라서 펼쳐 보세요.

접는 방법이 복잡하게 보일 수도 있지만 불필요한 선이 남지 않으면서 위에 서 보면 전부 병풍처럼 접히고, 종이의 두께 때문에 형태가 어긋나지 않도록 연구한 것입니다. 이렇게 하면 접은 선에 걸쳐 있는 부분이 아름답게 완성됩 니다.

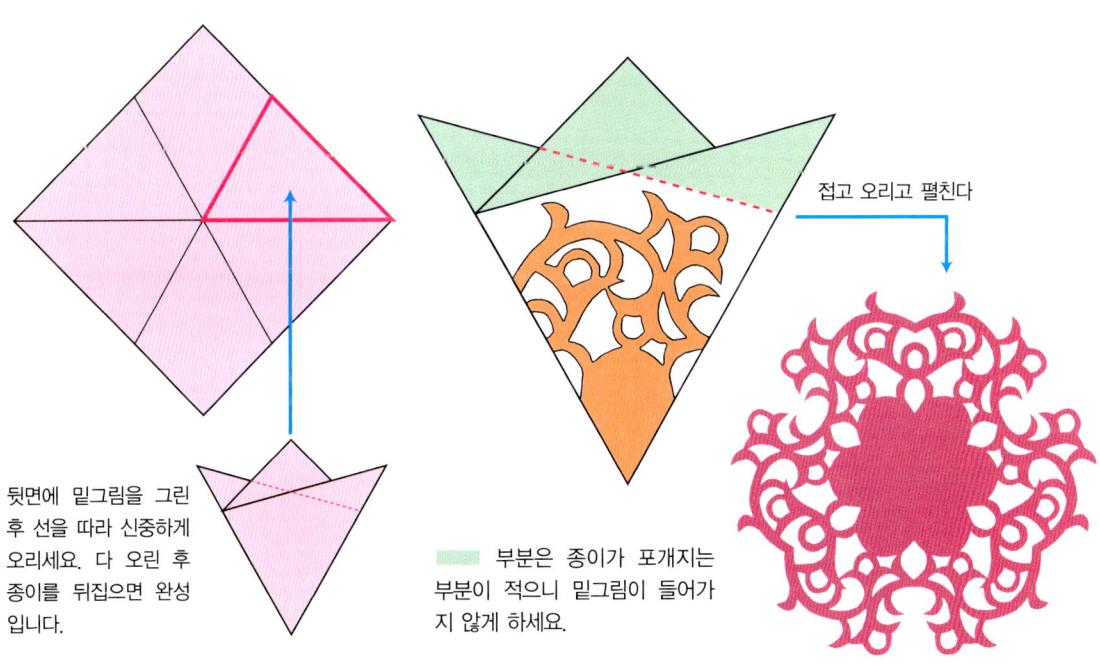

뒷면에 밑그림을 그린 후 선을 따라 신중하게 오리세요. 다 오린 후 종이를 뒤집으면 완성 입니다.

접고 오리고 펼친다

부분은 종이가 포개지는 부분이 적으니 밑그림이 들어가 지 않게 하세요.

도안은 12×12cm 실치수입니다.

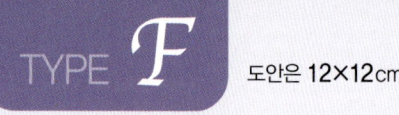

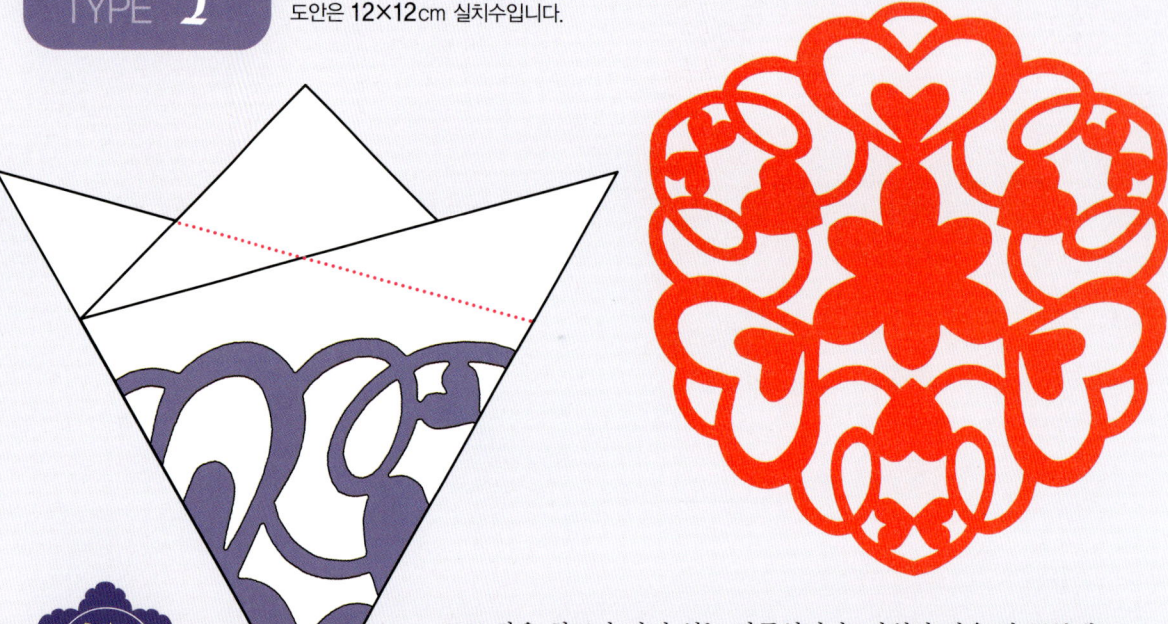

Design 40

크고 작은 하트가 많이 있는 작품입니다. 가위와 칼을 잘 구분해 사용해서 깔끔한 곡선을 오리세요. 창문이 아니더라도 가위를 넣기 어려운 부분은 칼로 오리세요.

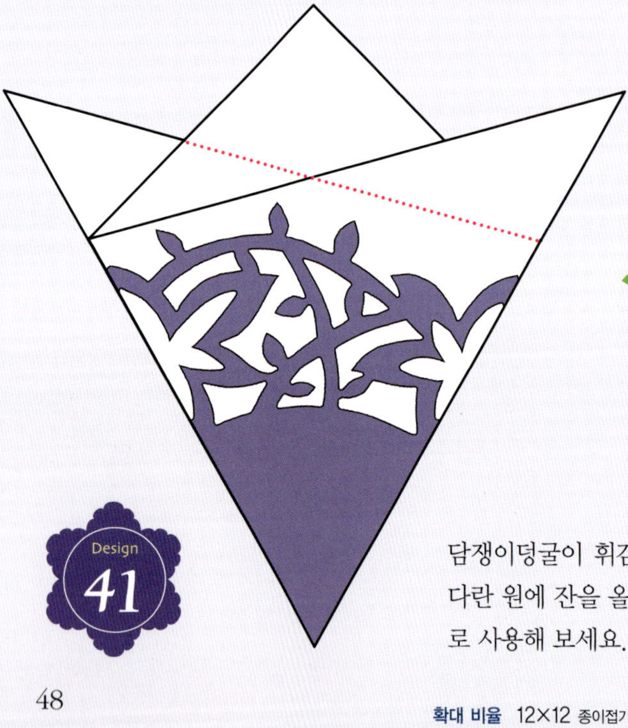

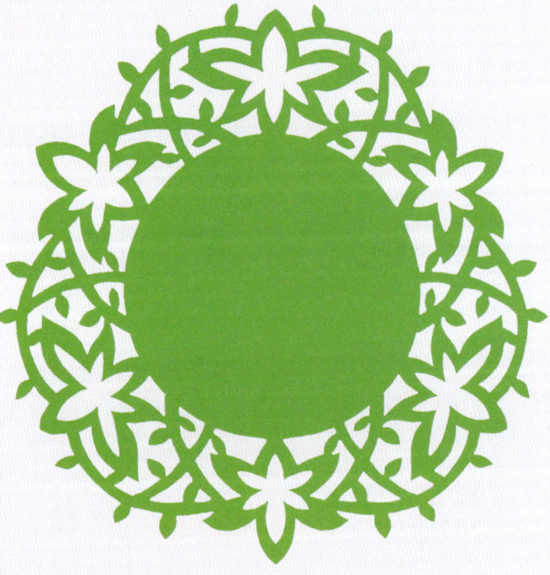

Design 41

담쟁이덩굴이 휘감긴 여름의 정원을 이미지화한 작품입니다. 커다란 원에 잔을 올려 코스터로 사용하거나 메시지를 적어 편지지로 사용해 보세요.

확대 비율 12×12 종이접기 100% 15×15 종이접기 125% 18×18 종이접기 150%

사랑스러운 문양을 바라보며
충만함이 가득한 티타임을.

도안은 12×12cm 실치수입니다.

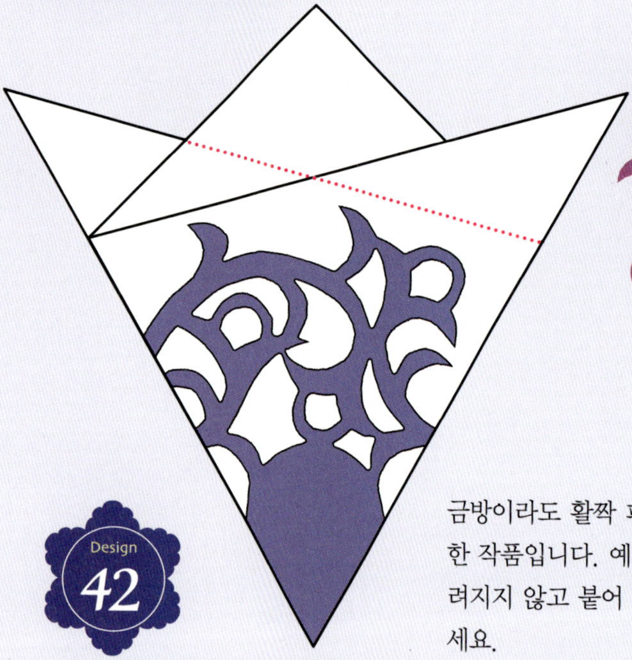

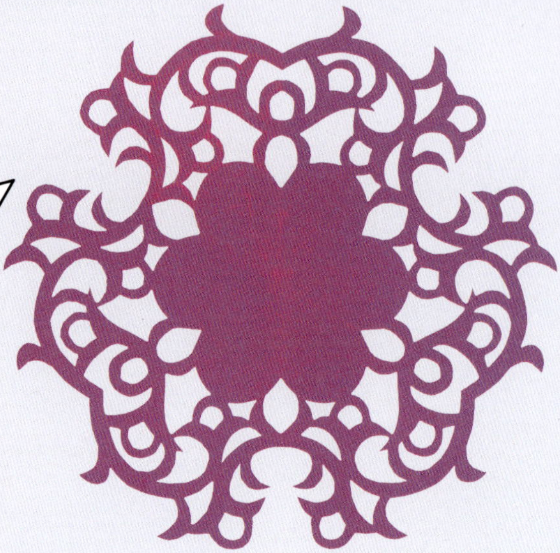

Design
42

금방이라도 활짝 피어날 것 같은 꽃봉오리를 리드미컬하게 배치한 작품입니다. 예리한 각도로 선을 오려 낸 모서리가 똑바로 오려지지 않고 붙어 있다면 뒤에서 점점을 향해 칼을 넣고 떼어 내세요.

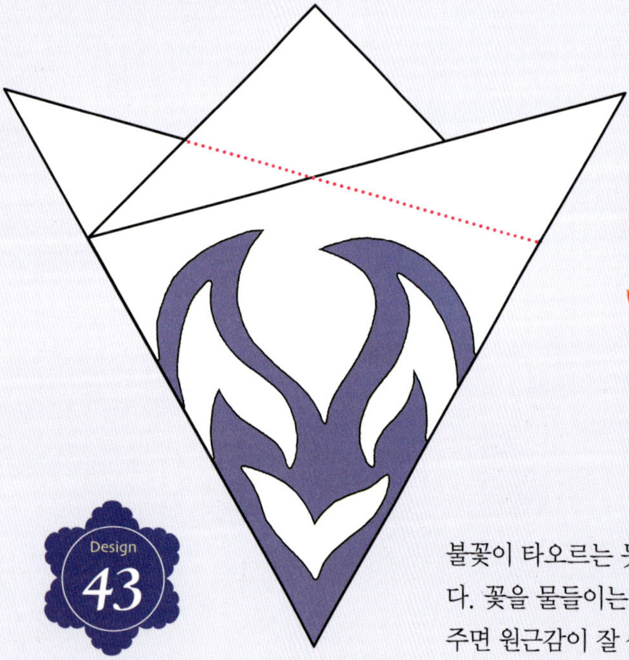

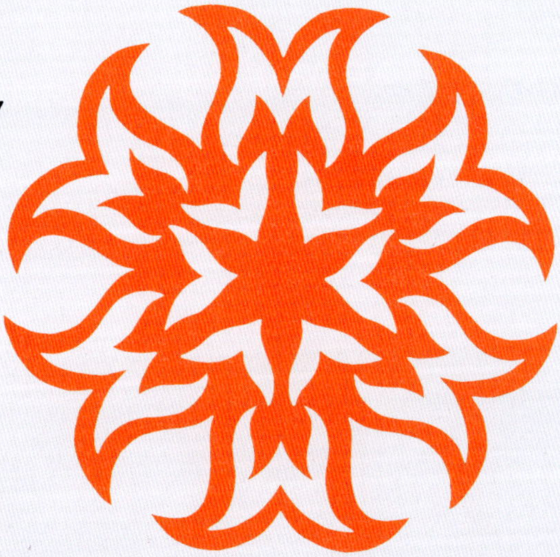

Design
43

불꽃이 타오르는 듯한, 남국의 꽃을 떠올리며 디자인한 작품입니다. 꽃을 물들이는 선의 굵기를 한 송이 걸러 다르게 하여 강약을 주면 원근감이 잘 살아난 작품으로 연출할 수 있습니다.

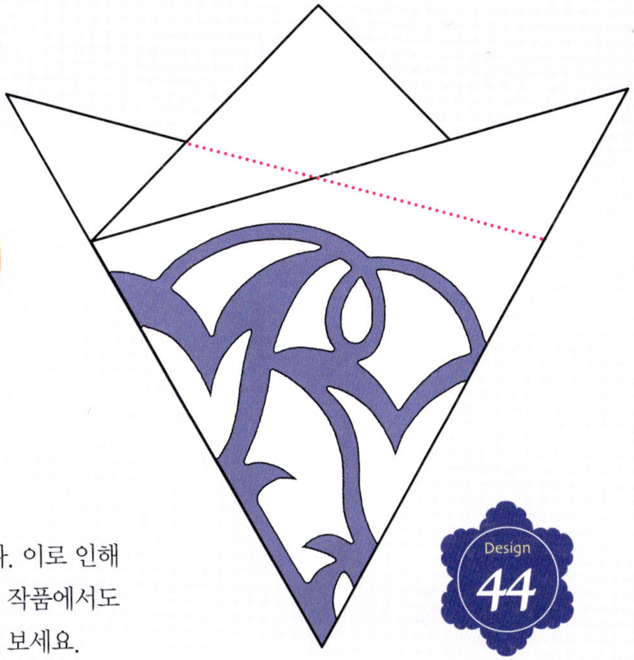

같은 모양의 꽃을 선의 굵기를 다르게 해서 오렸습니다. 이로 인해
평면적인 종이오리기에도 원근감이 살아납니다. 다른 작품에서도
선의 강약을 연출하여 원근감이 있는 작품으로 완성해 보세요.

대부분 가위로 오릴 수 있지만 방향전환이 필요한 곳에서는 가위
가 아니라 종이의 방향을 바꾸어서 작업해야 한다는 것을 잊지
마세요.

TYPE *F* 도안은 12×12cm 실치수입니다.

Design 46

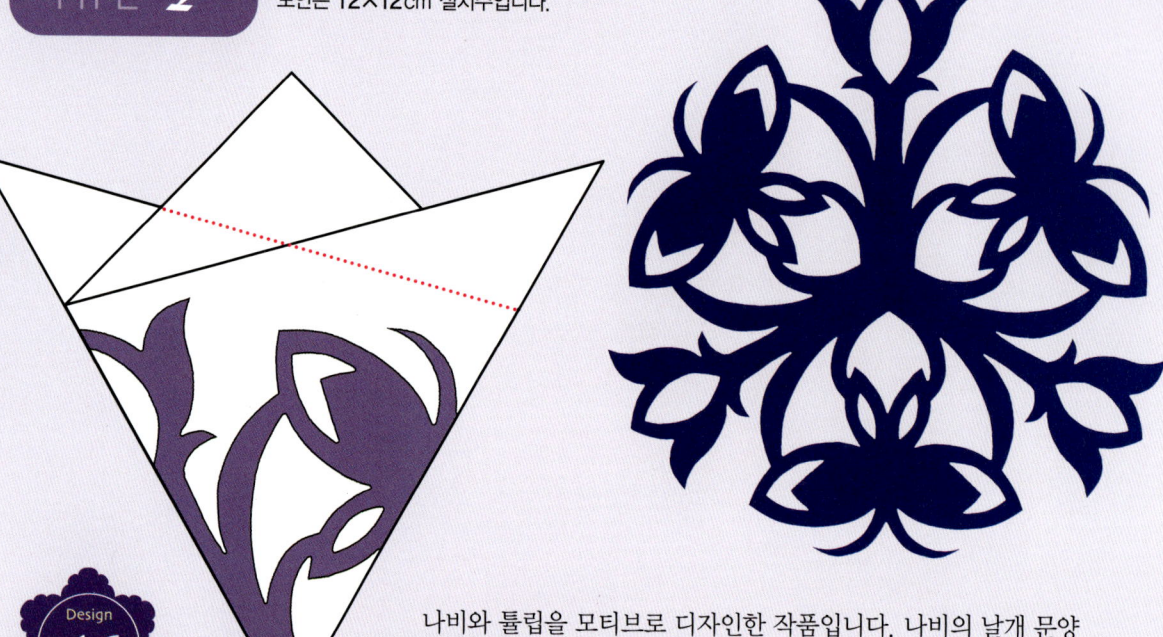

나비와 튤립을 모티브로 디자인한 작품입니다. 나비의 날개 문양을 달리하거나 튤립 꽃잎을 창문으로 오려 내는 등 아이디어를 발휘해 연출해 보세요.

Design 47

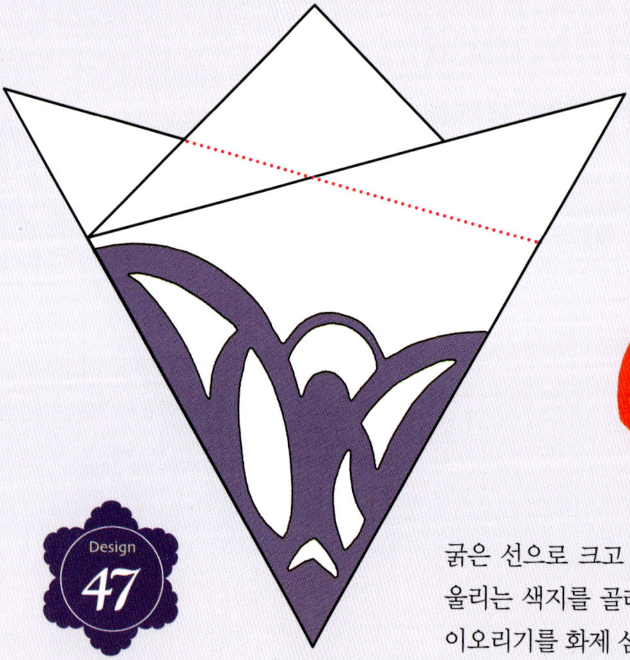

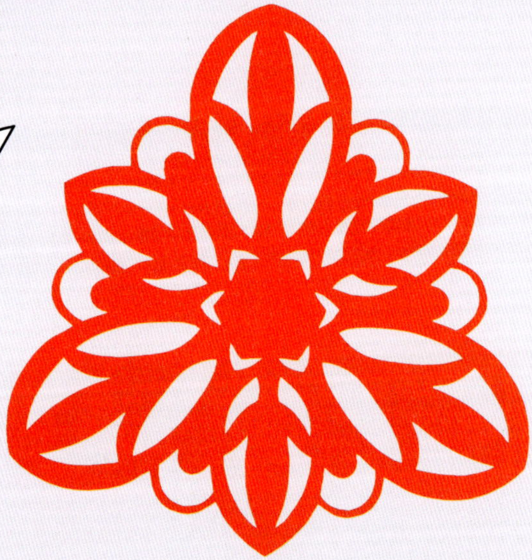

굵은 선으로 크고 작은 꽃잎을 표현한 작품입니다. 케이크에 어울리는 색지를 골라 받침종이로 사용해 보는 것은 어떨까요? 종이오리기를 화제 삼아 다과시간을 즐겨 보세요.

Design 48

잎사귀가 바람에 나부끼는 모습을 종이오리기로 표현해 보았습니다. 잎맥은 가능한 얇은 선으로 오려 내면 전체적으로 강약이 있어 긴장감 있는 인상을 줄 것입니다.

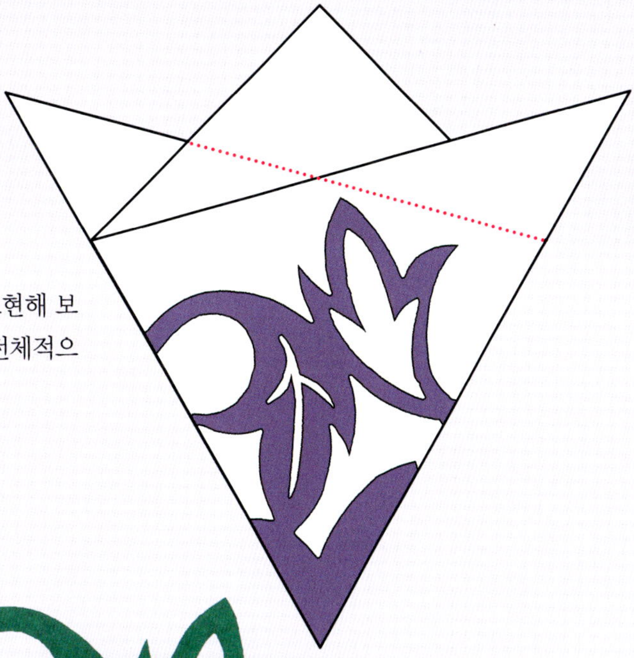

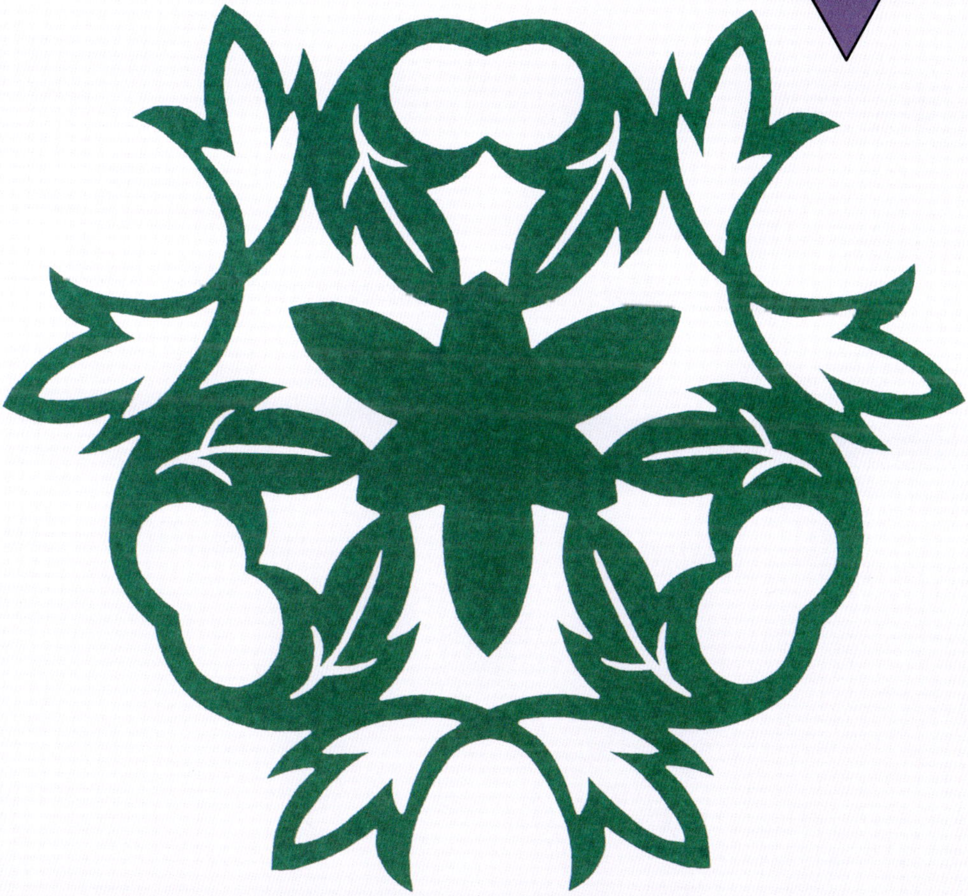

확대 비율 12×12 종이접기 100% 15×15 종이접기 125% 18×18 종이접기 150%

도화지로 만드는 포토프레임

B5 도화지를 두 번 접어서 만드는,
사진이나 엽서를 장식하는 프레임입니다.
프레임 외에도 편지지나 런치매트로도 사용할 수 있습니다.

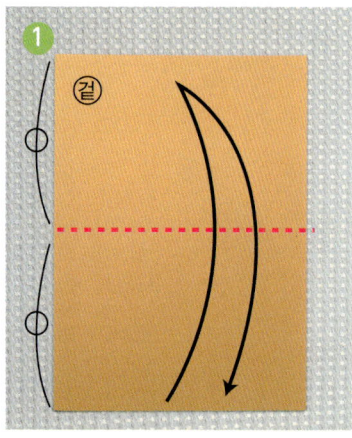

B5 종이를 사용합니다. 반으로 접어서 확실하게 자국을 낸 후 펼치세요.

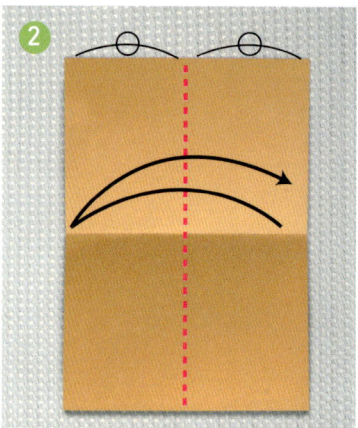

반으로 접어서 확실하게 자국을 낸 후 펼치세요.

가로, 세로에 접은 선이 생겼습니다.

그림엽서와 똑같은 크기의 종이에도 상하좌우를 이등분하는 선을 만들고 사진처럼 맞추세요. 연필로 엽서의 윤곽을 그리세요. 1/4만 그리면 됩니다(━ 부분).

엽서의 모서리를 끼울 수 있도록 칼집의 위치를 정하고 선을 그리세요(━ 부분).

54

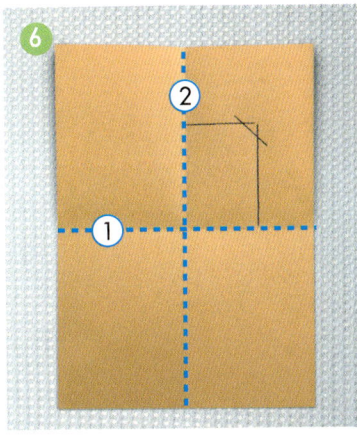

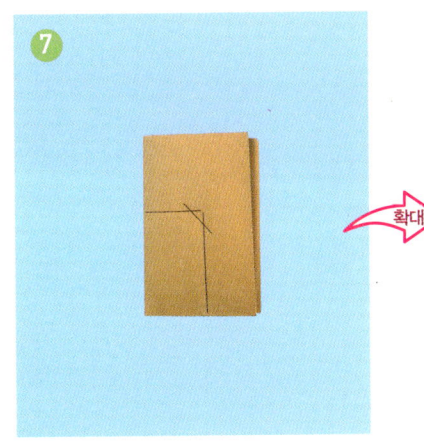

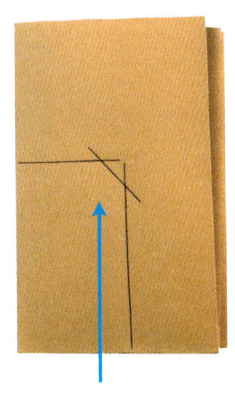

엽서의 밑그림이 보이도록 1, 2의 순서로 두 번 접고, 종이를 포개어 접습니다.

준비가 모두 끝났습니다. 종이오리기의 디자인을 그려서 자르면 됩니다.

엽서나 사진의 모서리를 끼우는 선도 두 번 접은 채 그립니다.
프레임은 안에 장식하는 엽서나 사진의 크기에 맞춰서 정확히 맞는 사이즈로 만들어야 아름답습니다. 잡지에서 오려 낸 그림이나 아이가 그려준 그림, 추억의 영화 티켓이나 항공권 등 장식할 내용물은 무궁무진합니다. 당신의 디자인으로 멋진 프레임을 만들어 보세요.

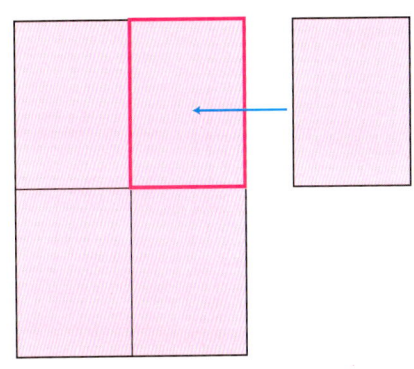

접고 오리고 펼친다

프레임의 사용방법은 가로세로 어느 쪽이든 상관없습니다.

B5 도화지를 두 번 접어서 만듭니다.

사진이나 엽서의 1/4 사이즈를 밑그
림으로 그린 후 모서리에 칼집을 넣
으세요.
이 밑그림은 일반 엽서 사이즈인
100×148mm로 제작되었습니다.

얇은 줄기 부분을 깔끔하고 매끄럽게 오
리는 것이 아름다움의 포인트입니다. 칼
날은 한 작품을 오릴 때마다 꺾어줘야
자르는 맛을 유지할 수 있습니다.

── 칼집   ········ 엽서 1/4 크기

마음에 드는 예술품과
가벼운 마음으로 공연해 본다

B5 도화지를 두 번 접어서 만듭니다.

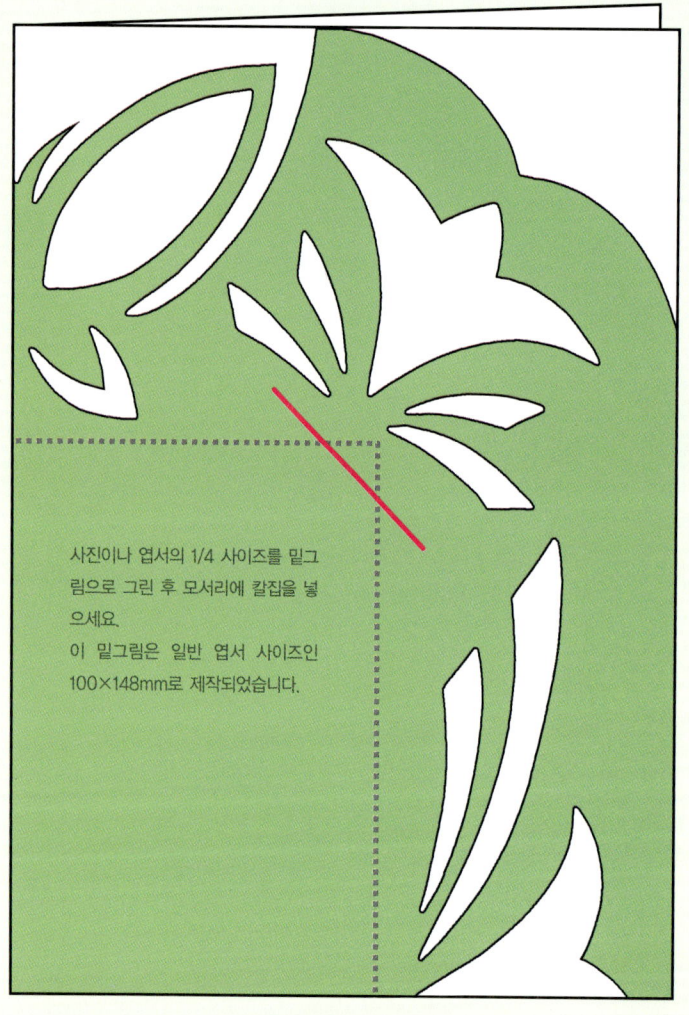

사진이나 엽서의 1/4 사이즈를 밑그림으로 그린 후 모서리에 칼집을 넣으세요.
이 밑그림은 일반 엽서 사이즈인 100×148mm로 제작되었습니다.

———— 칼집 ⋯⋯⋯ 엽서 1/4 크기

사진이나 엽서를 끼우는 칼집을 넣지 않고 한가운데의 넓은 부분에 메시지를 쓰거나 그림을 그리는 방법도 시도해 보세요. 종이의 색깔도 목적에 맞게 자유롭게 골라 보세요.

Design 51

B5 도화지를 두 번 접어서 만듭니다.

사진이나 엽서의 1/4 사이즈를 밑그림으로 그린 후 모서리에 칼집을 넣으세요.
이 밑그림은 일반 엽서 사이즈인 100×140mm로 제작되었습니다

―――― 칼집　　········· 엽서 1/4 크기

단풍잎을 모티브로 한 작품입니다. 견본의 색깔 외에도 녹색이나 연두색, 오렌지색, 진홍색 종이로 만들어 보세요. 색깔에 따라서 계절감을 표현할 수 있습니다.

복사비율
100%

B5 도화지를 두 번 접어서 만듭니다.

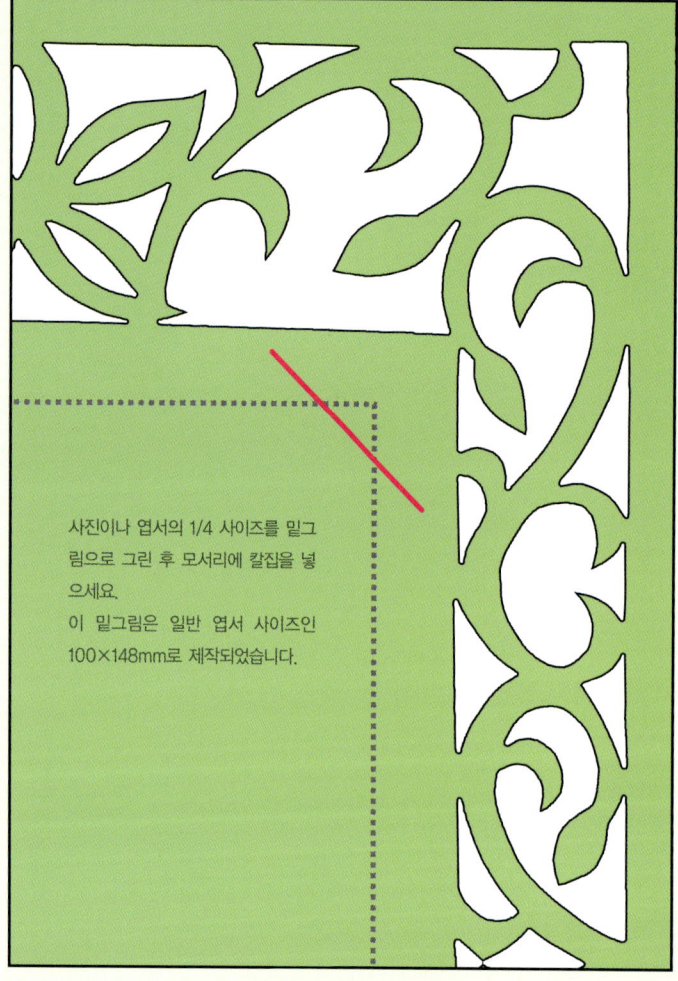

사진이나 엽서의 1/4 사이즈를 밑그
림으로 그린 후 모서리에 칼집을 넣
으세요.
이 밑그림은 일반 엽서 사이즈인
100×148mm로 제작되었습니다.

 칼집 ·········· 엽서 1/4 크기

앤틱 가구의 장식 문양을 힌트로 만든
작품입니다. 사진과 작품을 조합해서
유리나 아크릴을 사용한 포토프레임에
넣으면 작품을 오랫동안 즐길 수 있습
니다.

복사비율
100%

60

그림이나 편지, **CD**재킷 등
생각나는 것에 장식해 보자.

B5 도화지를 두 번 접어서 만듭니다.

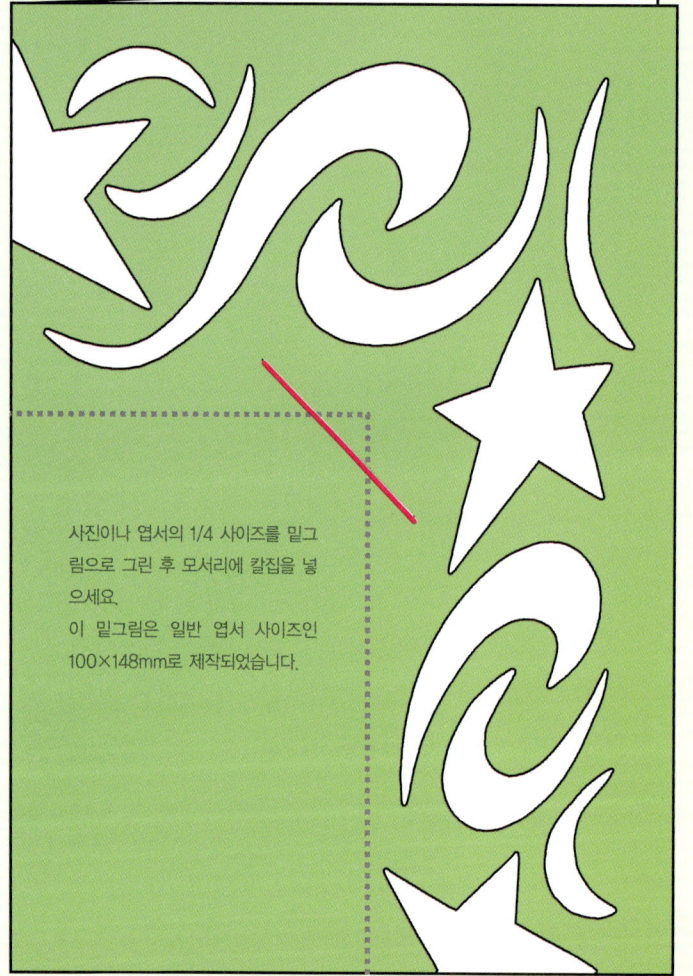

사진이나 엽서의 1/4 사이즈를 밑그림으로 그린 후 모서리에 칼집을 넣으세요.
이 밑그림은 일반 엽서 사이즈인 100×148mm로 제작되었습니다.

──── 칼집   ·········· 엽서 1/4 크기

직선적인 별 모양과 유선형의 소용돌이의 조합으로 역동적인 작품입니다. 포토프레임이나 메시지카드 외에도 꽃병이나 과자의 받침종이로도 활용해 보세요.

B5 도화지를 두 번 접어서 만듭니다.

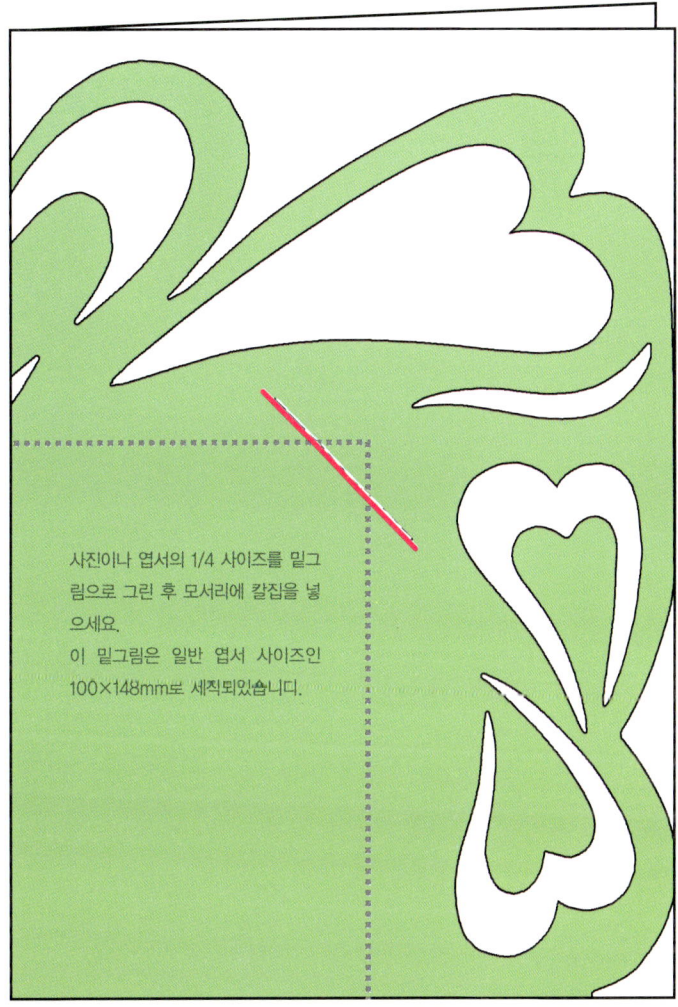

사진이나 엽서의 1/4 사이즈를 밑그림으로 그린 후 모서리에 칼집을 넣으세요.
이 밑그림은 일반 엽서 사이즈인 100×148mm로 제작되었습니다.

하트가 사랑스러운 작품입니다. 칼은 자르기 시작할 때 일단 종이를 뚫은 후에 그으면 안쪽까지 닿아서 깔끔하게 자를 수 있습니다.

━━━ 칼집   ┈┈┈┈ 엽서 1/4 크기

복사비율
100%

63

Design
55

B5 도화지를 두 번 접어서 만듭니다.

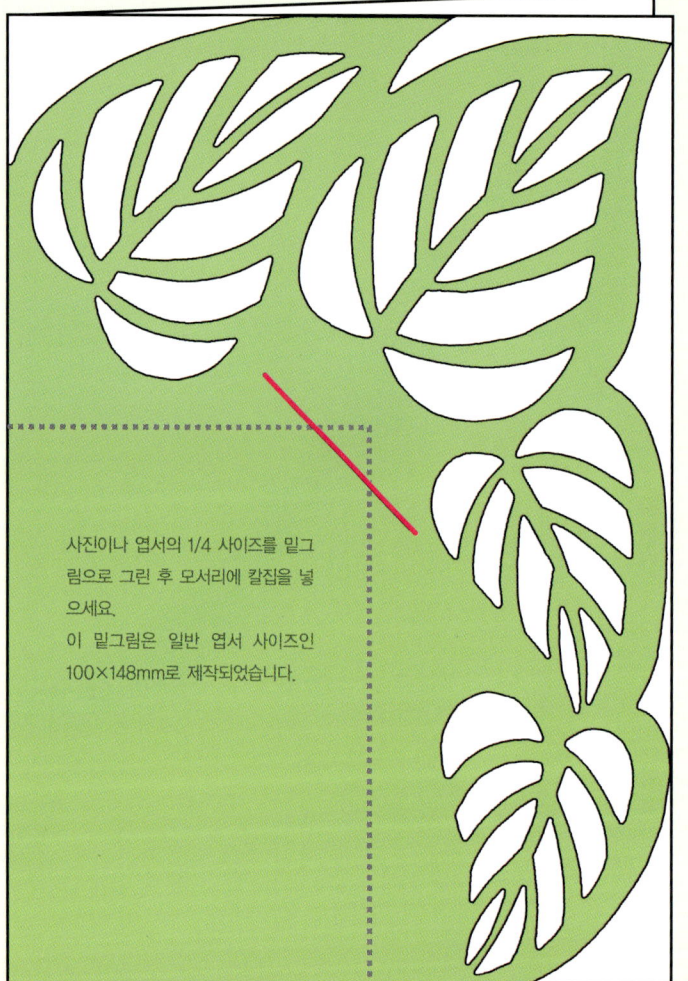

사진이나 엽서의 1/4 사이즈를 밑그
림으로 그린 후 모서리에 칼집을 넣
으세요.
이 밑그림은 일반 엽서 사이즈인
100×148mm로 제작되었습니다.

━━━━ 칼집　··········· 엽서 1/4 크기

싱싱한 잎사귀가 주위를 둘러싼 상큼한
작품입니다. 칼을 내 쪽으로 그어서 자
르는 기본테크닉을 잊지 말고 종이의 방
향을 부지런히 바꿔가며 조정하세요.

종이오리기 작품을
종이오리기의 프레임에
붙이는 방법도 있다.
아이디어를 발휘하면
화려함과 재미가 한층 더해진다.

종이접기로 만드는 포토프레임

이 책에서는 12×12cm 종이접기로 만들 경우의 도안을 소개하고 있는데,
안에 들어가는 사진 크기에 맞게 종이나 작품의 크기를 고려하세요.
또 18×18cm 종이를 사용할 경우의 확대비율 150%가,
사진의 L판(89×127mm) 사이즈에 적합합니다.

① 종이를 길게 반으로 접습니다.

② 다시 반으로 접습니다.

③ 처음 정사각형의 1/4 크기가 되면 완성입니다.

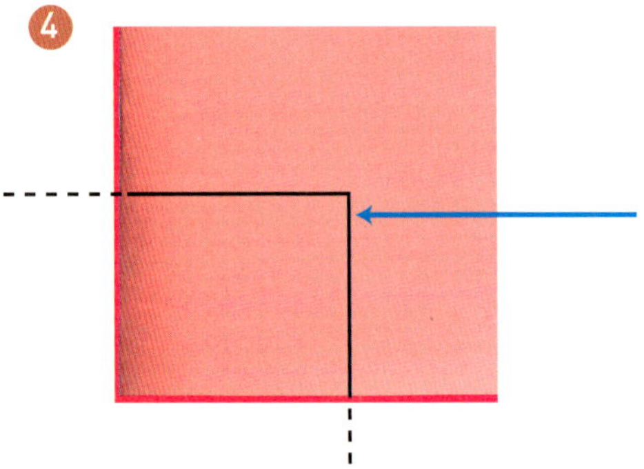

확대

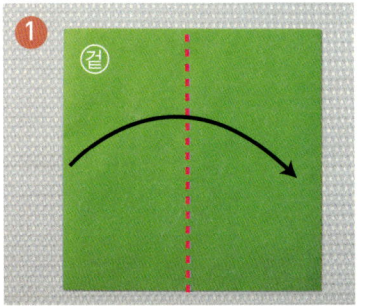

④

종이 안쪽이 보이도록 접습니다. 여기에 마음에 드는 디자인의 밑그림을 그리고 오려서 펼치세요.
넣을 사진이나 엽서의 1/4 크기를 선으로 그리고,
디자인을 배치하는 기준으로 삼으세요.

──── 가 접는 선이 됩니다.

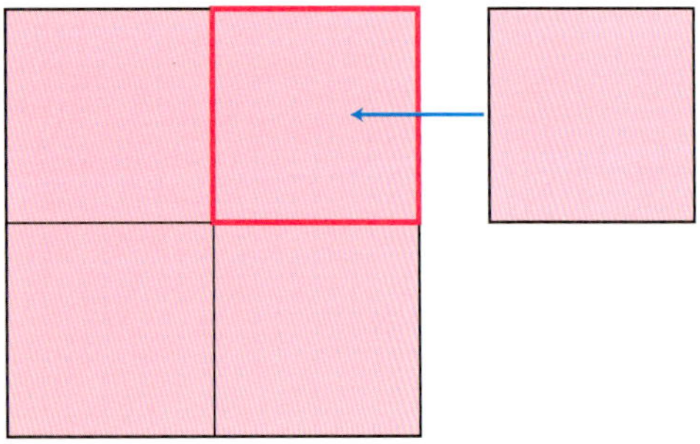

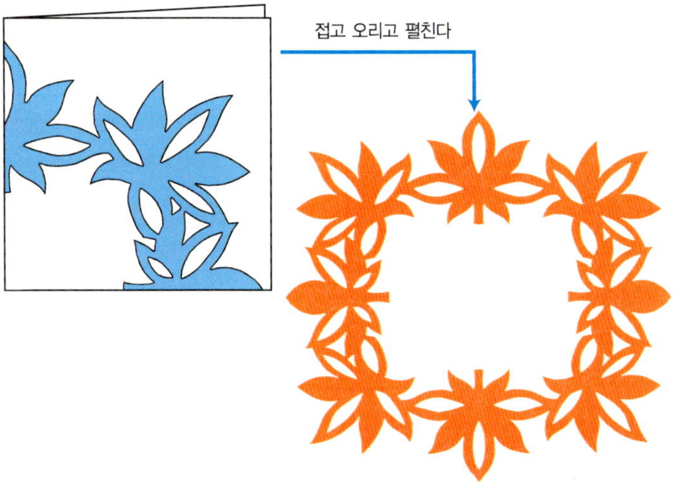

접고 오리고 펼친다

하트에 날개를 더해서 프레임으로 완성해 보았습니다. 작은 하트는 사이사이의 모양이 확실하도록 모서리 구석구석까지 조심해서 잘라내세요. 작은 창문을 오린 후에 외곽 틀을 자르는 순서입니다.

굵은 사각형 틀에 식물의 실루엣을 뽑아 낸 작품입니다. 이 정도 굵은 틀로 하면 사진이 돋보입니다. 단색의 종이뿐만 아니라 무늬나 그러데이션이 들어간 종이로도 만들어 보세요.

도안은 **12×12**cm 실치수입니다.

Design
58

튤립을 모티브로 만든 심플한 작품입니다. 잎사귀 안에 있는
줄기 부분을 가능한 가늘게 매끄럽게 오려 내세요. 종이의 색
깔 변화에 따라 귀엽게도, 어른스러운 분위기도 가능합니다.

확대 비율 12×12 종이접기 **100**%   15×15 종이접기 **125**%   18×18 종이접기 **150**%

앨범 정리에도 멋진 활약!
웃는 얼굴을, 추억을
화려하게 장식해 보자

단풍잎을 모티브로 한 작품입니다 사진과 함께 단풍이나 한 장의 잎사귀를 덧붙여, 종이오리기와 조합하는 것도 멋질 것입니다. 추억을 수공예로 만드는 즐거움을 느껴 보세요.

실버 액세서리를 모티브로 한 심플한 작품입니다. 색깔이나 크기를 다르게 하여 많이 만들어 앨범정리에 활용하는 것도 좋은 아이디어입니다.

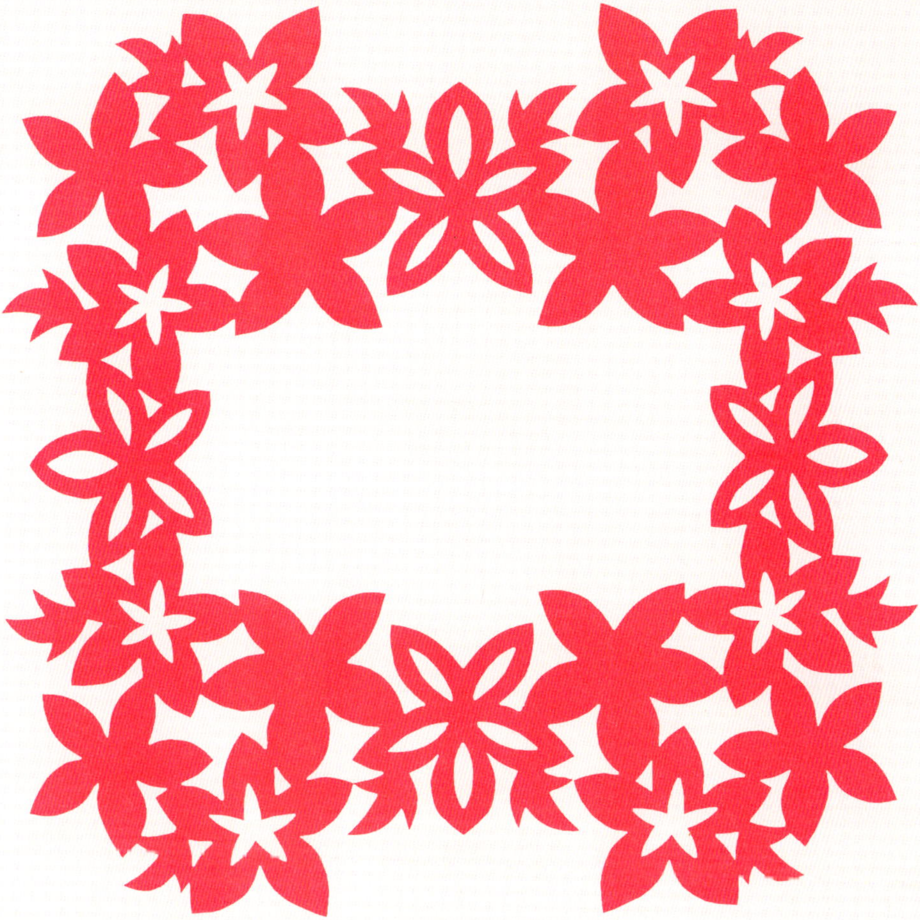

Design

61

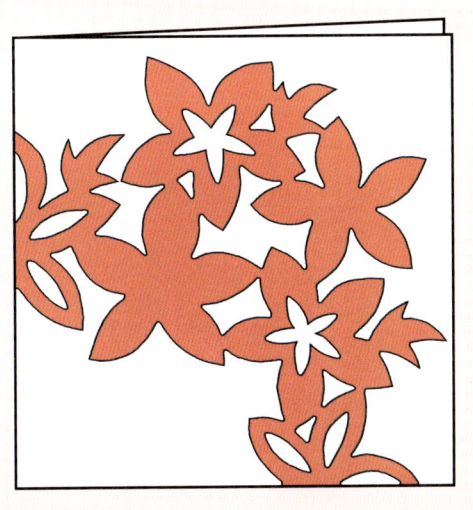

꽃밭을 이미지로 한 화려한 작품입니다. 종이오리기 자체는 매우 섬세해서 찢어지기 쉬우니 사진과 맞추면서 유리나 아크릴을 사용한 포토프레임에 끼워 넣으세요.

확대 비율 12×12 종이접기 100% 15×15 종이접기 125% 18×18 종이접기 150%

90도 팝업카드 만드는 방법

대지에 종이오리기를 붙여서
튀어나오는 부분의 중심선을 산접기하여 세웁니다.
전체를 90도로 펼치면서 모양을 즐기는 카드입니다.

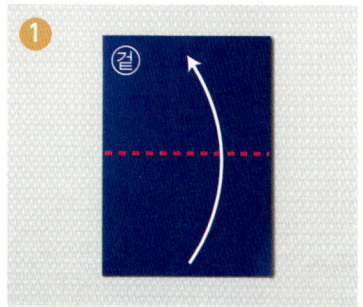

① B5 종이를 사용합니다. 골접기로 반으로 접습니다.

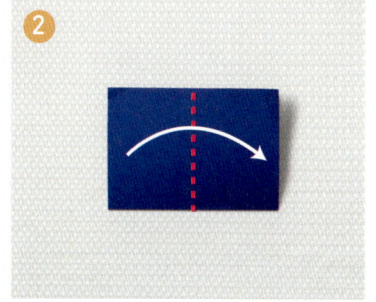

② 다시 반으로 접습니다.

③ B5의 1/4의 직사각형이 완성되었습니다. 여기에 밑그림을 그리고 오려서 펼칩니다.

④ 양면테이프 또는 접착제를 종이오리기 안쪽에 붙여둡니다.

양면
테이프를
붙여둡니다

⑤ 한가운데의 접는 선끼리 맞춘 뒤 종이오리기를 반으로 접은 상태에서 붙입니다.

⑥ 종이오리기를 반으로 접은 상태에서 대지를 덮어서 붙입니다.

⑦ 여기서는 한가운데의 접는 선을 전부 골접기로 접습니다.

⑧ 접착 부분을 꽉 눌러서 붙입니다.

⑨ 펼쳐 종이오리기와 대지가 잘 붙어 있는지 확인합니다.

72

⑩

⑪

⑫

튀어나온 부분의 중앙을 산접기로 세웁니다. 대지와의 경계(사진에서는 상하)의 선을 접어서 세우면 깔끔하게 세워집니다.

일단 반으로 접어서 확실하게 자국을 냅니다.

대지를 90도로 유지하면 세운 부분이 튀어나옵니다.

B5 종이를 반으로 접어서 만드는 작품과, 두 번 접어서 만드는 작품이 있습니다.
어느 쪽이든 도안을 140%로 확대복사하면 형지로 사용할 수 있습니다.

반으로 접어서 만드는 작품

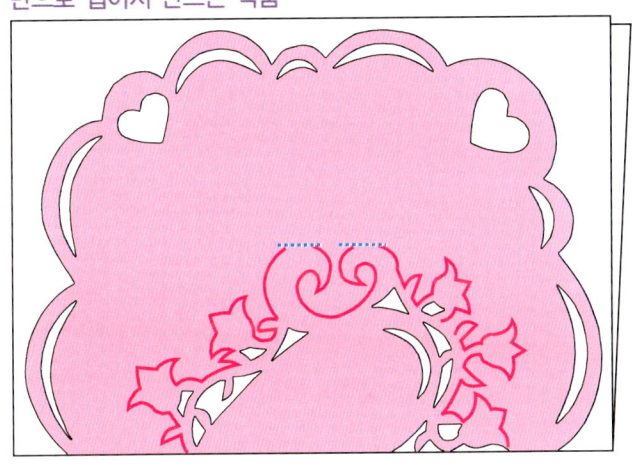

접고 오리고 펼친다

‑‑‑‑‑‑‑‑ 산접기로 세운다 ━━━━ 골접기

두 번 접어서 만드는 작품

접고 오리고 펼친다

‑‑‑‑‑‑‑‑ 산접기로 세운다 ━━━━ 골접기

73

B5 도화지를 반으로 접어서 만듭니다.

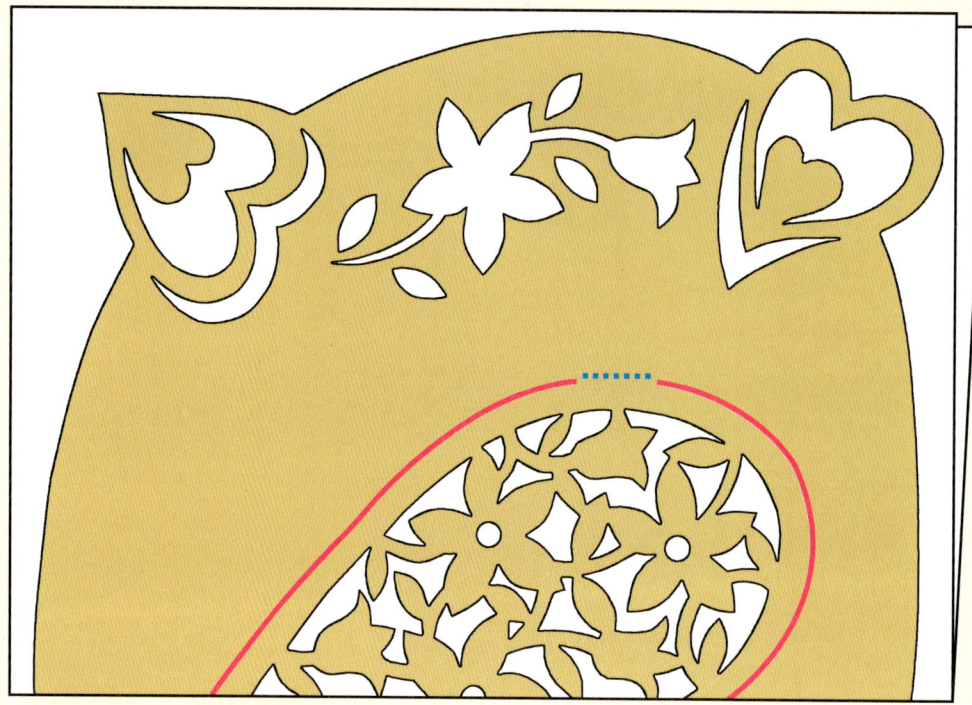

복사비율
140%

───── 칼집　　·········· 접는 선

Design
62

다 오려 낸 후에는 뒤집어서
종이의 겉면을 위로 향하게 합니다.

화초의 실루엣을 섬세하게 오려 낸 하트가 튀어나오는
카드입니다. 반으로만 접었으므로 두께에 신경 쓰지 않
고 섬세한 작업을 할 수 있습니다.

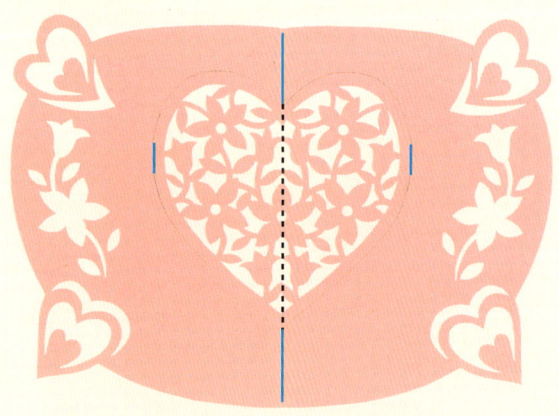

·········· 산접기로 세운다　　───── 골접기

B5 도화지를 반으로 접어서 만듭니다.

복사비율
140%

━━━━ 칼집   ········· 접는 선

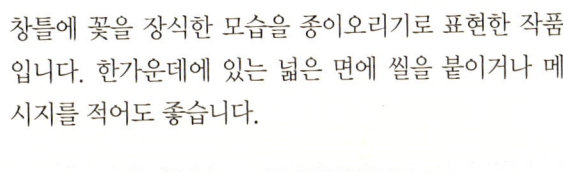
Design
63

다 오려 낸 후에는 뒤집어서
종이의 겉면을 위로 향하게 합니다.

창틀에 꽃을 장식한 모습을 종이오리기로 표현한 작품
입니다. 한가운데에 있는 넓은 면에 씰을 붙이거나 메
시지를 적어도 좋습니다.

········ 산접기로 세운다   ━━━━ 골접기

B5 도화지를 반으로 접어서 만듭니다.

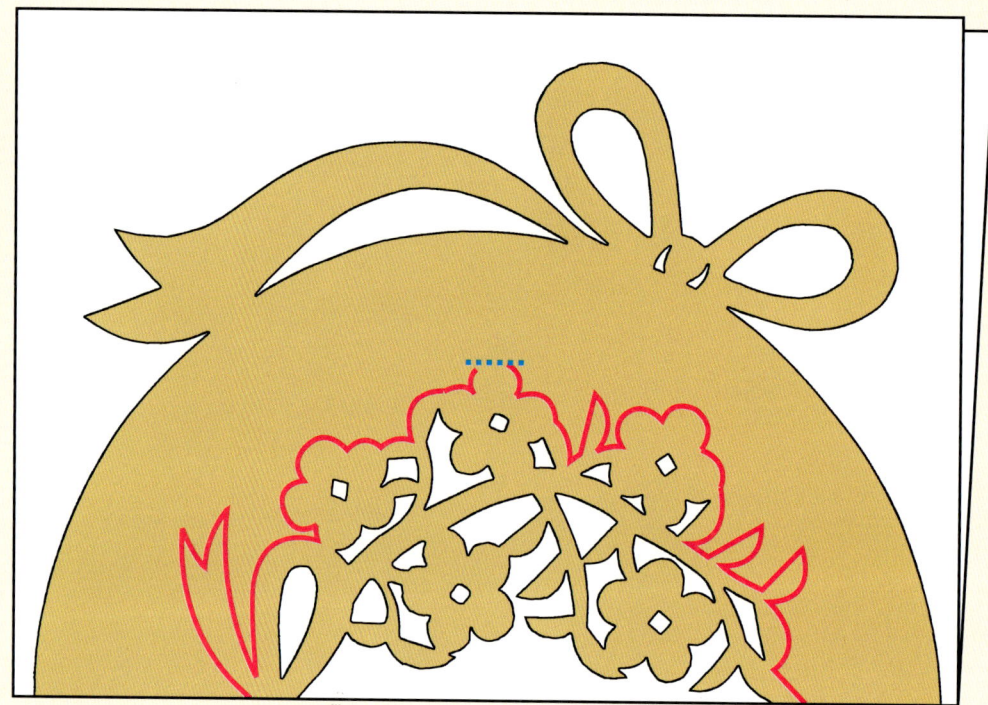

복사비율 **140**%

━━━ 칼집   ┈┈┈ 접는 선

Design **64**

다 오려 낸 후에는 뒤집어서
종이의 겉면을 위로 향하게 합니다.

귀여운 꽃 화환을 모티브로 만든 섬세한 작품입니다.
작은 접점으로 연결되어 있으므로 자칫 잘라내지 않도
록 천천히 정성껏 칼질하세요.

┈┈┈ 산접기로 세운다   ━━━ 골접기

B5 도화지를 반으로 접어서 만듭니다.

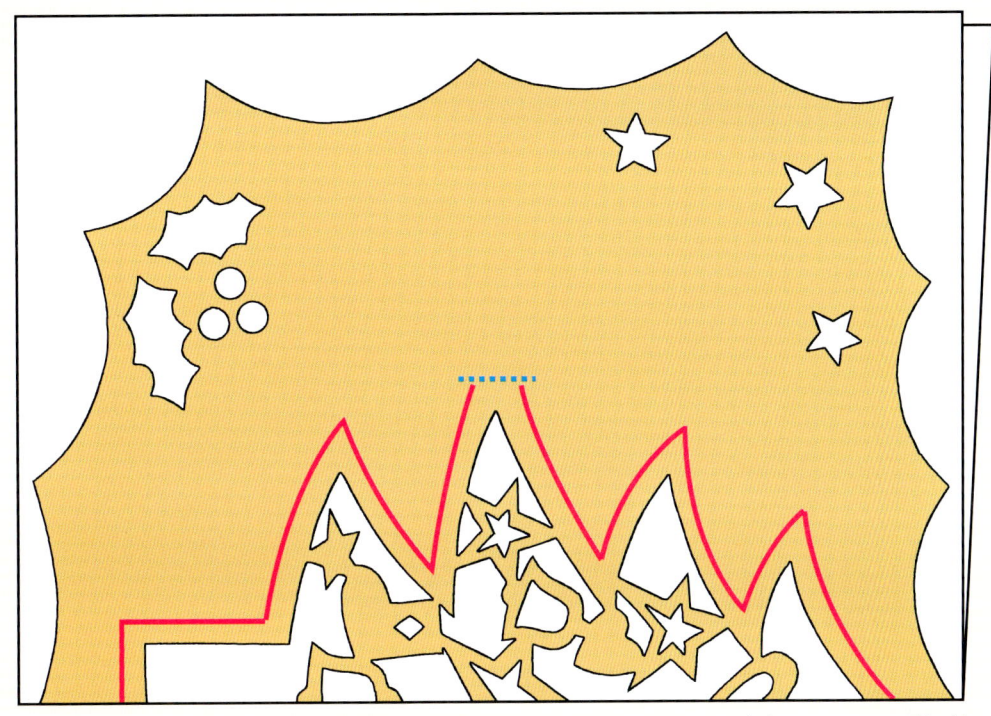

복사비율
140%

━━━━ 칼집   ┄┄┄┄ 접는 선

Design
65

다 오려 낸 후에는 뒤집어서
종이의 겉면을 위로 향하게 합니다.

귀여운 장식품을 매달아놓은 전나무가 튀어나오는 크리
스마스카드입니다. 대지가 되는 배경 부분에 스팽글을
본드로 붙여 화려하게 장식하는 것도 좋은 방법입니다.

┄┄┄┄ 산접기로 세운다   ━━━━ 골접기

카드를 펼친 순간
놀라는 그 사람의 표정이
떠오릅니다.

B5 도화지를 두 번 접어서 만듭니다.

Design
66

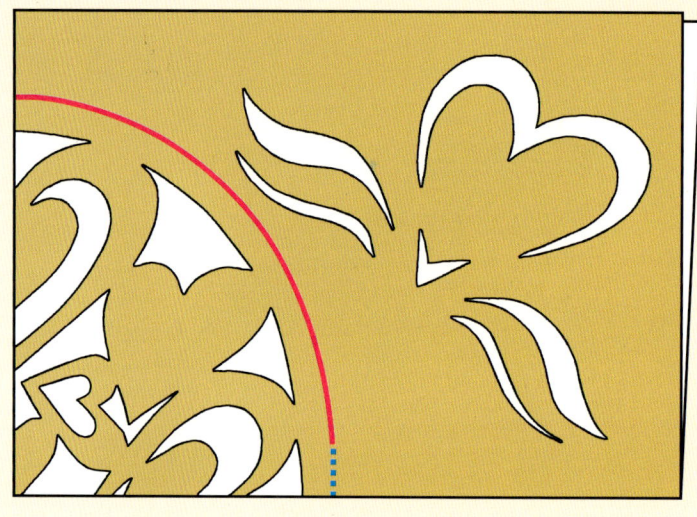

———— 칼집   ·········· 접는 선

많은 하트가 튀어나오는 카드입니다. 밸런타인데이나 어버이날에 메시지를 써서 선물과 함께 주는 것은 어떨까요?

다 오려 낸 후에는 뒤집어서 종이의 겉면을 위로 향하게 합니다.

·········· 산접기로 세운다   ———— 골접기

B5 도화지를 두 번 접어서 만듭니다.

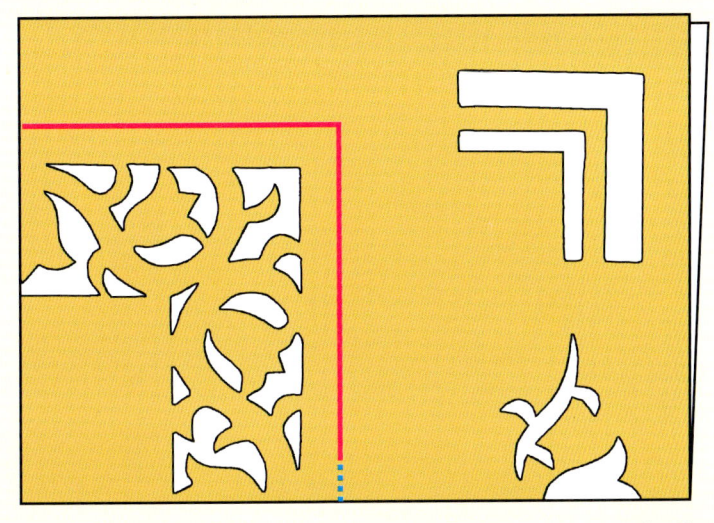

복사비율
140%

━━━━━ 칼집　⋯⋯⋯⋯ 접는 선

장식 창문을 이미지화한 작품입니다. 한가운데에 메시지나 그림을 그릴 수 있도록 직사각형 면을 배치했습니다. 스티커사진을 붙여도 좋습니다.

다 오려 낸 후에는 뒤집어서 종이의 겉면을 위로 향하게 합니다.

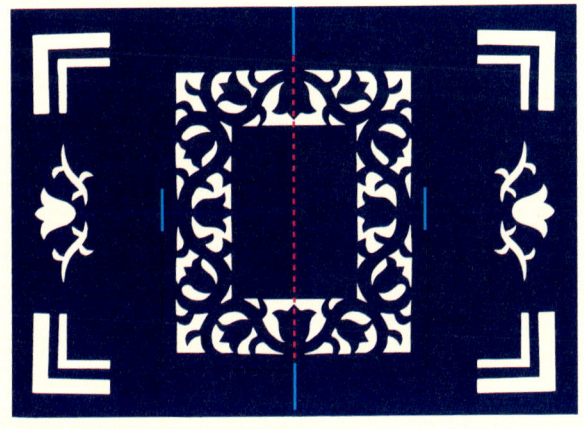

⋯⋯⋯⋯ 산접기로 세운다　━━━━━ 골접기

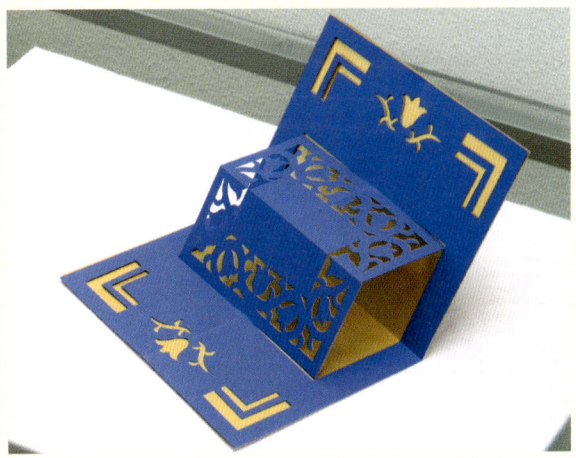

B5 도화지를 반으로 접어서 만듭니다.

복사비율
140%

━━━━ 칼집   •••••••• 접는 선

다 오려 낸 후에는 뒤집어서
종이의 겉면을 위로 향하게 합니다.

입체적인 부분을 다시 접었을 때 섬세한 부분이 접히거
나 찢어지지 않도록 조심스럽게 다루세요. 접은 채 두
꺼운 책 사이에 끼워두면 모양이 확실하게 정돈됩니다.

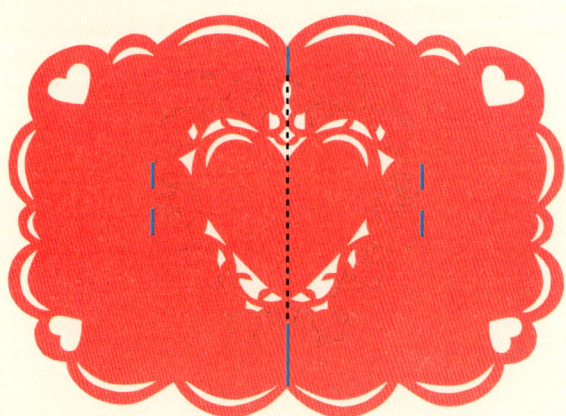

••••••• 산접기로 세운다   ━━━━ 골접기

오랜 시간과 정성을 들여
오려 낸 작품일수록,
종이를 펼친 순간 기쁘다.

B5 도화지를 두 번 접어서 만듭니다.

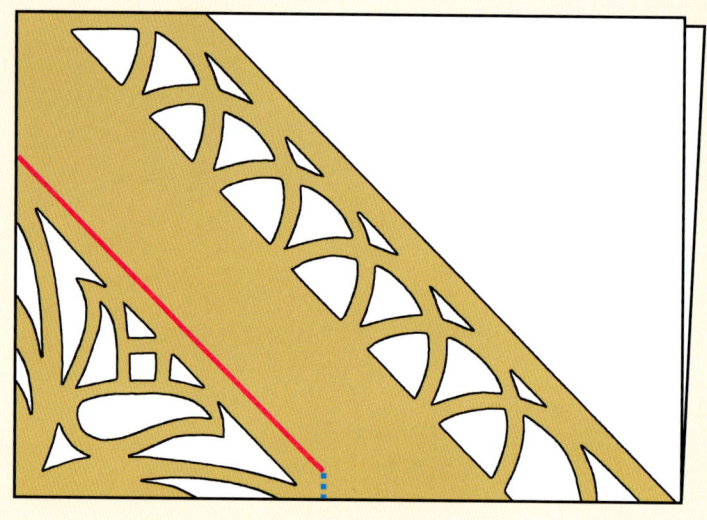

복사비율
140%

━━━━━ 칼집   ┈┈┈┈ 접는 선

심플한 형태와 꽃이나 곡선의 부드러움이 대비되어 재미있는 작품입니다. 사각형 테두리 부분에 비즈나 스팽글을 붙여서 연출해도 아름다울 것입니다.

다 오려 낸 후에는 뒤집어서 종이의 겉면을 위로 향하게 합니다.

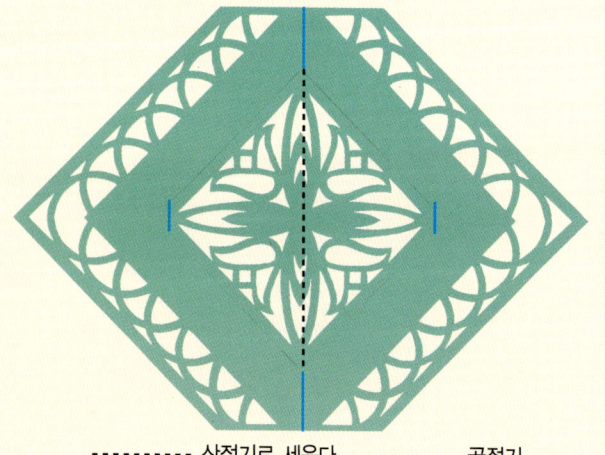

┈┈┈┈ 산접기로 세운다   ━━━━ 골접기

B5 도화지를 두 번 접어서 만듭니다.

Design
70

복사비율
140%

━━━ 칼집　·········· 접는 선

얇은 고리 곡선을 살려서 장식 창문을 표현한 작품입니다. 부늬나 그러데이션이 들어간 종이로도 만들어 보세요. 마음에 드는 종이로 만드는 즐거움을 느낄 수 있습니다.

다 오려 낸 후에는 뒤집어서 종이의 겉면을 위로 향하게 합니다.

········· 산접기로 세운다　━━━ 골접기

B5 도화지를 두 번 접어서 만듭니다.

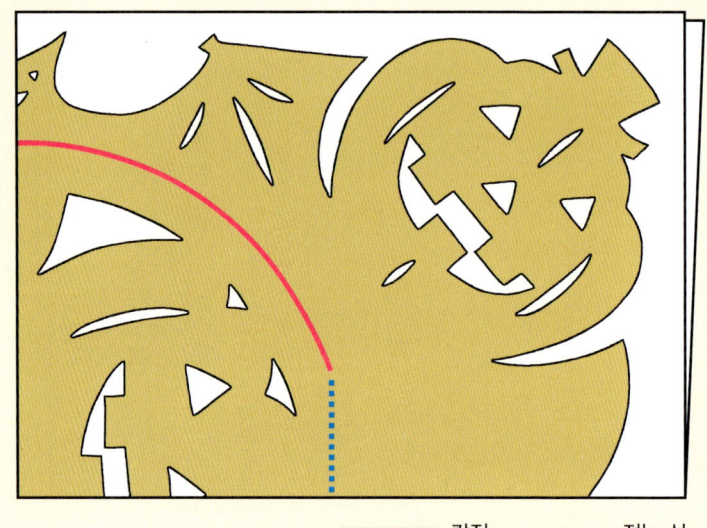

복사비율
140%

———— 칼집   ·········· 접는 선

호박과 박쥐를 모티브로 만든 할로윈카드입니다. 이 작품만은 오렌지색 종이가 어울린다고 자신있게 말할 수 있습니다. 눈 모양 등을 바꿔가며 호박의 표정을 연출해 보세요.

다 오려 낸 후에는 뒤집어서 종이의 겉면을 위로 향하게 합니다.

--------- 산접기로 세운다   ———— 골접기

계절을 담을 수 있는
종이오리기의 특별함!

왕관형
팝업 카드

왕관형 팝업 카드 만드는 방법

대지와 맞춰서 붙이는 종이오리기 방법은
72페이지의 두 번 접기(공정 1~3)와 같습니다.
왕관을 붙이는 위치는 각 페이지의 치수를 잘 확인해 주세요.

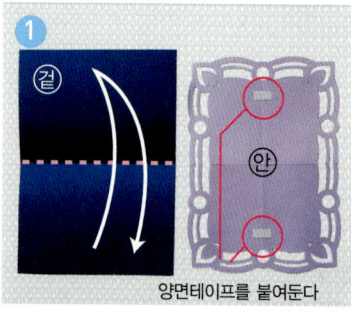

1 종이오리기를 붙이는 B5 대지를 준비하고, 그것을 반으로 접어서 자국을 냅니다.

2 한가운데의 접는 선끼리 맞춰서 종이오리기를 반으로 접은 상태에서 붙입니다.

3 종이오리기를 반으로 접은 상태에서 이번에는 대지를 덮어서 붙입니다.

4 펼치면 종이오리기와 대지가 잘 붙어 있습니다.

5 왕관 부품의 풀칠을 측면의 안쪽에 붙이고 육각형 형태로 만듭니다.

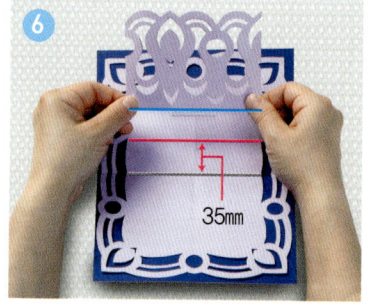

6 왕관 부품을 반으로 접고, 풀칠하는 윗변 ━ 을 ━ 선에 맞춰서 아래쪽 풀칠을 붙입니다.

7 부품을 반으로 접은 채 대지를 덮어서 남은 풀칠 부분을 붙입니다.

8 펼쳐서 왕관 부분의 형태를 정돈하면 완성됩니다.

1 2중 왕관인 경우에는 바깥쪽부터 붙입니다. 이때 위치에 주의해서 아래쪽 풀칠을 먼저 붙입니다.

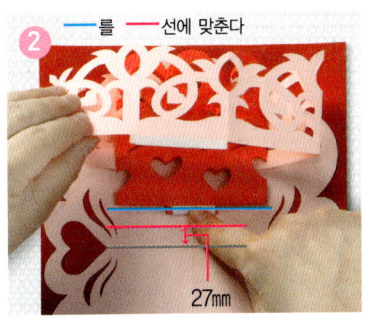

27mm

바깥쪽 왕관 한쪽을 접착한 후에는, 중간에 안쪽 왕관을 넣고 위치에 주의하면서 아래쪽 풀칠 부분을 붙입니다.

안팎의 부품을 반으로 접은 상태, 대지를 덮어서 나머지 풀칠을 접착합니다. 대지를 덮고 확실하게 붙인 후 펼쳐서 왕관 부품의 형태를 정리하면 완성됩니다.

치수표시는 100% 실치수입니다.

복사비율
200%

도안은 실제의 50% 크기입니다.
200% 확대복사하면 형지로 사용할 수 있습니다.
1 종이 안쪽에 도안을 그립니다.
2 번호대로 산접기·골접기를 반복해서 접습니다.
3 밑그림을 그리고 오립니다.
4 펼친 후 뒤집어 겉면을 위로 합니다.
5 접는 선을 전부 산접기하고, 육각형으로 만듭니다.
6 풀칠을 이웃이 되는 측면 안쪽에 붙이면 완성됩니다.

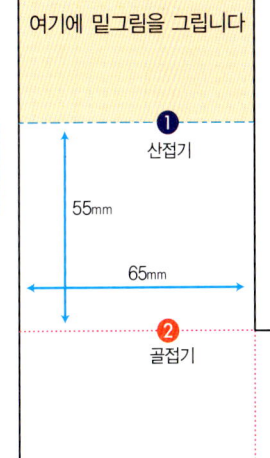

여기에 밑그림을 그립니다

① 산접기
55mm
65mm

② 골접기
5mm 풀칠

③ 산접기

④ 골접기
도안
C

⑤ 산접기

왕관이 2개일 때의 도안: 바깥쪽
종이 안쪽에 그리세요

⑥ 골접기
15mm 풀칠

여기에 밑그림을 그립니다

① 산접기
40mm
85mm

② 골접기
5mm 풀칠

③ 산접기
도안
A

④ 골접기

왕관이 1개일 때의 도안
종이 안쪽에 그리세요

⑤ 산접기

⑥ 골접기
15mm 풀칠

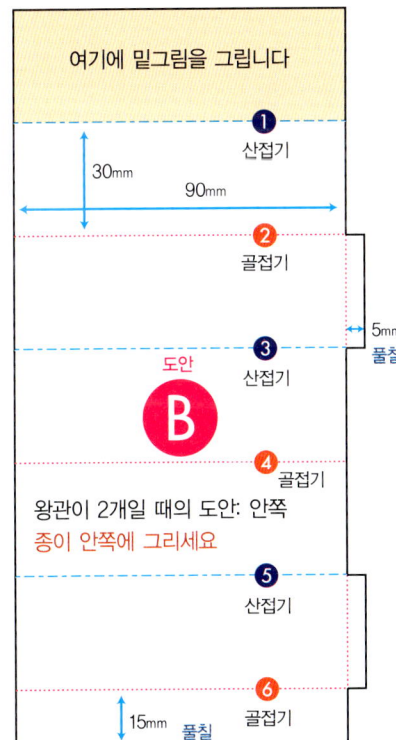

여기에 밑그림을 그립니다

① 산접기
30mm
90mm

② 골접기
5mm 풀칠

③ 산접기
도안
B

④ 골접기

왕관이 2개일 때의 도안: 안쪽
종이 안쪽에 그리세요

⑤ 산접기

⑥ 골접기
15mm 풀칠

대지와 왕관의 부품은 복사비율이 다르니 주의하세요.

B5 도화지를 두 번 접어서 만듭니다.

35 mm

복사비율
140%

중심점에서 35mm가 되는 곳에 왕관을 붙이는 기준선을 그으세요.

다 오려 낸 후에는 뒤집어서 종이의 겉면을 위로 향하게 합니다.

하트가 가득한 작품입니다. 완성품은 손이 많이 갈 것처럼 보이지만 가위와 칼을 잘 구분해서 사용하면 생각보다 쉽게 오릴 수 있습니다. 외곽 틀은 마지막에 가위로 오리는 것이 기본입니다.

다 오려 낸 후에는 뒤집어서 종이의 겉면을 위로 향하게 합니다.
그런 뒤 선을 모두 접고, 종이 끝의 안쪽에 풀칠하여 육각형으로 만듭니다.

왕관 부분은 89페이지의 도안 A를 도화지에 그리고 육각형을 만듭니다.

89페이지 참조
도안

복사비율

100%

•••••• 산접기

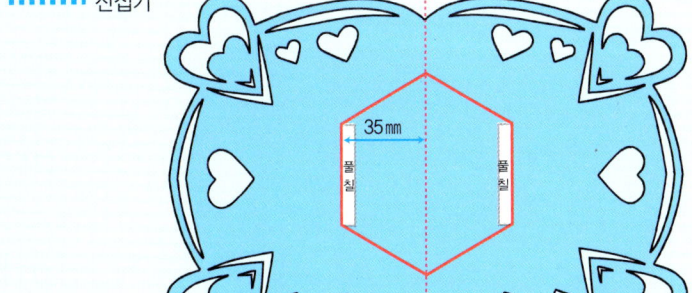

한가운데의 접는 선에서 35mm가 되는 곳에 선을 긋고, 거기에 맞춰 왕관 부품을 붙입니다. 이때 풀칠은 왼쪽 그림처럼 안쪽을 향하게 합니다.

대지와 왕관의 부품은 복사비율이 다르니 주의하세요.

B5 도화지를 두 번 접어서 만듭니다.

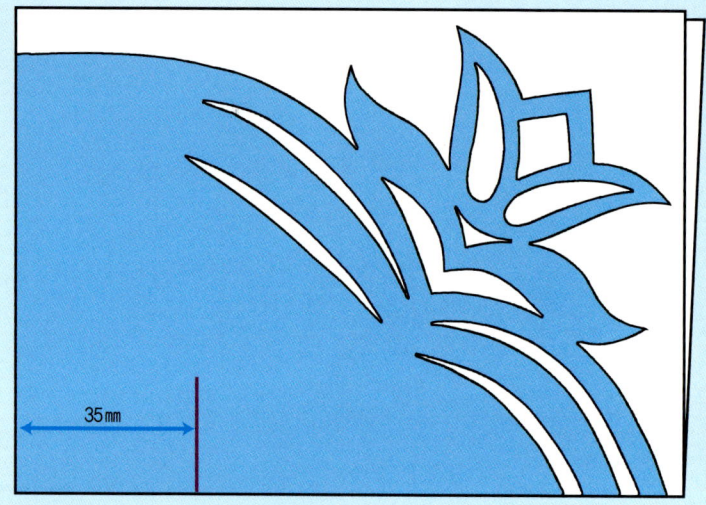

35㎜

복사비율
140%

중심점에서 35㎜가 되는 곳에 왕관을 붙이는 기준선을 그으세요.

다 오려 낸 후에는 뒤집어서 종이의 겉면을 위로 향하게 합니다.

선으로 표현한 튤립 꽃잎 부분을 오려 내지 말고, 면으로 보이도록
연출해도 됩니다. 그렇게 하면 육각형 모양을 확실하게 만들기 쉽
습니다.

풀칠

다 오려 낸 후에는 뒤집어서 종이의 겉면을 위로 향하게 합니다.
그런 뒤 선을 모두 접고, 종이 끝의 안쪽에 풀칠하여 육각형으로 만듭니다.

왕관 부분은 89페이지의 도안 A
를 도화지에 그리고 육각형을 만
듭니다.

풀
칠

89페이지 참조

도안

복사비율
100%

······ 산접기

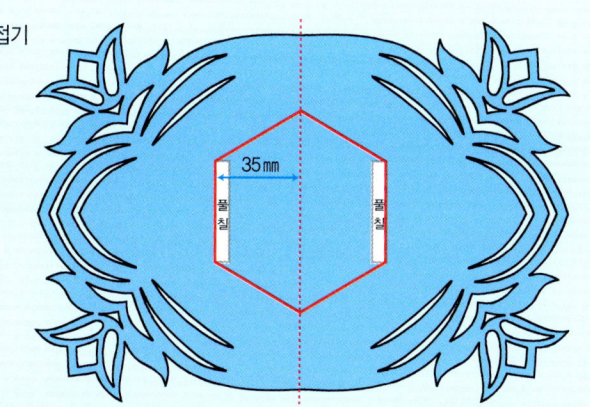

35 mm

풀
칠

풀
칠

한가운데의 접는 선에서 35mm가 되는
곳에 선을 긋고, 거기에 맞춰 왕관 부품을
붙입니다. 이때 풀칠은 왼쪽 그림처럼 안
쪽을 향하게 합니다.

93

대지와 왕관의 부품은 복사비율이 다르니 주의하세요.

B5 도화지를 두 번 접어서 만듭니다.

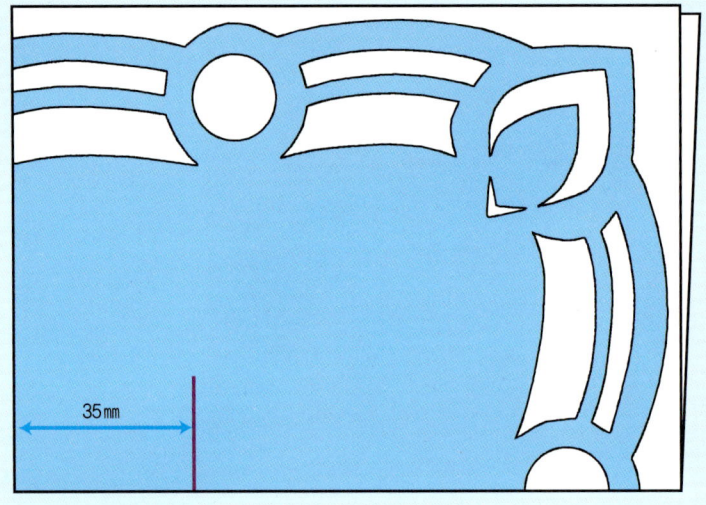

35 mm

복사비율
140%

중심점에서 35mm가 되는 곳에 왕관을 붙이는 기준선을 그으세요.

다 오려 낸 후에는 뒤집어서 종이의 겉면을 위로 향하게 합니다.

촛불을 모티브로 한 작품입니다. 생일카드나 크리스마스카드로 사용해 보는 것은 어떨까요? 목적에 따라 종이의 색깔이나 무늬를 센스있게 골라 보세요.

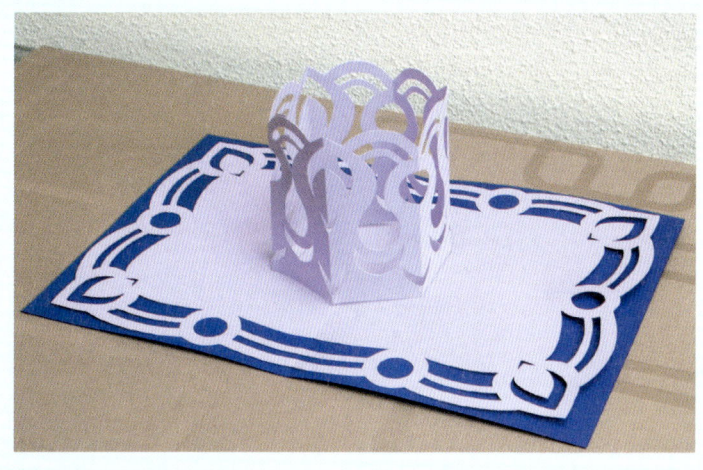

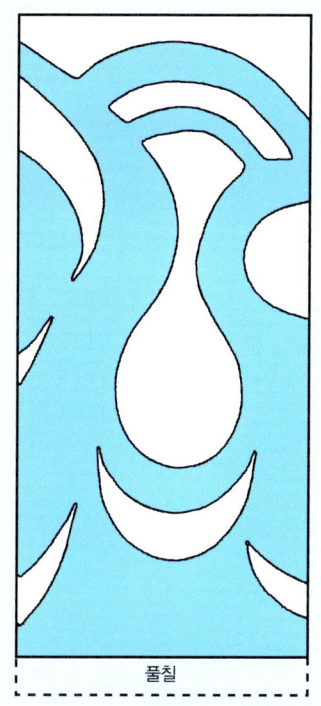

풀칠

다 오려 낸 후에는 뒤집어서 종이의 겉면을 위로 향하게 합니다.
그런 뒤 선을 모두 접고, 종이 끝의 안쪽에 풀칠하여 육각형으로 만듭니다.

왕관 부분은 89페이지의 도안 A를 도화지에 그리고 육각형을 만듭니다.

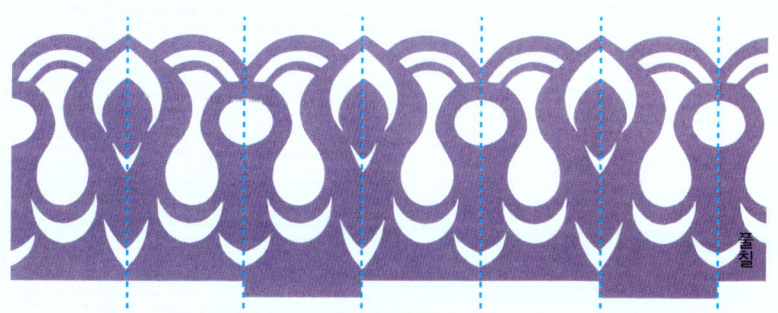

89페이지 참조

도안

A

복사비율

100%

········ 산접기

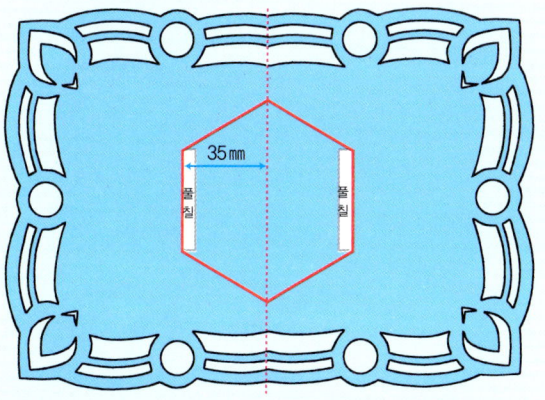

35mm

풀칠

한가운데의 접는 선에서 35mm가 되는 곳에 선을 긋고, 거기에 맞춰 왕관 부품을 붙입니다. 이때 풀칠은 왼쪽 그림처럼 안쪽을 향하게 합니다.

대지와 왕관의 부품은 복사비율이 다르니 주의하세요.

B5 도화지를 두 번 접어서 만듭니다.

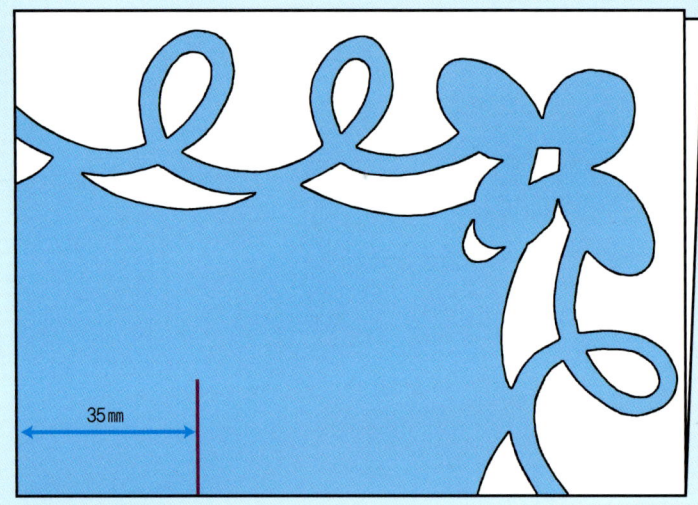

35mm

복사비율
140%

중심점에서 35mm가 되는 곳에 왕관을 붙이는 기준선을 그으세요.

다 오려 낸 후에는 뒤집어서 종이의 겉면을 위로 향하게 합니다.

귀여운 꽃이 많이 배치된 왕관입니다. 왕관과 대지는 서로 다른 색깔의 종이로 만들어도 좋습니다. 색 배치에 따라서 왕관 모양이 뚜렷해지거나 부드럽게 보입니다.

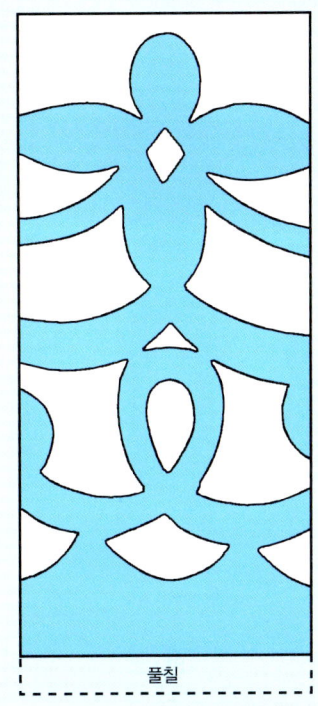

풀칠

다 오려 낸 후에는 뒤집어서 종이의 겉면을 위로 향하게 합니다.
그런 뒤 선을 모두 접고, 종이 끝의 안쪽에 풀칠하여 육각형으로 만듭니다.

왕관 부분은 89페이지의 도안 A를 도화지에 그리고 육각형을 만듭니다.

풀칠

89페이지 참조
도안

A

복사비율
100%

▪▪▪▪▪▪ 산접기

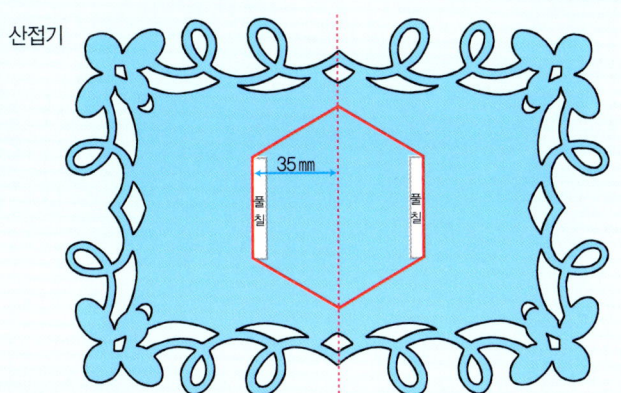

35 mm

풀칠 풀칠

한가운데의 접는 선에서 35mm가 되는 곳에 선을 긋고, 거기에 맞춰 왕관 부품을 붙입니다. 이때 풀칠은 왼쪽 그림처럼 안쪽을 향하게 합니다.

97

대단한 역작이구나!
시간이나 수고 이상으로
손이 가는 작품으로 비쳐 대만족.

대지와 왕관의 부품은 복사비율이 다르니 주의하세요.

B5 도화지를 두 번 접어서 만듭니다.

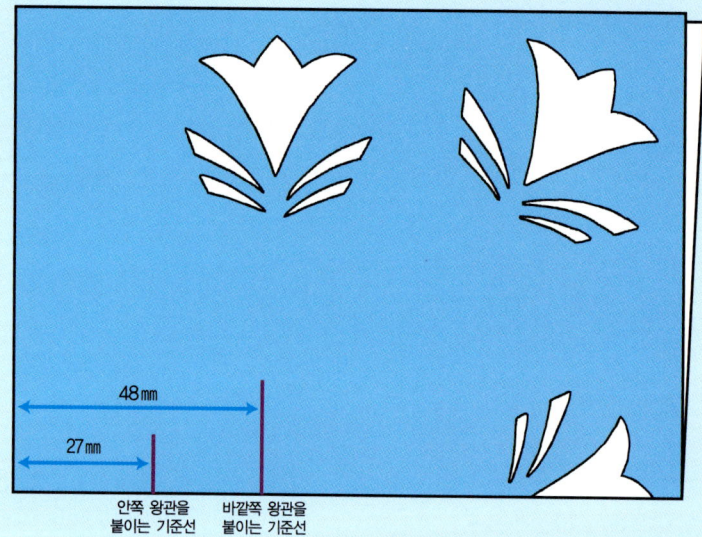

복사비율
140%

안쪽 왕관을
붙이는 기준선

바깥쪽 왕관을
붙이는 기준선

48mm

27mm

중심점에서 27mm와 48mm가 되는 곳에 왕관을 붙이는 기준선을 그으세요.

다 오려 낸 후에는 뒤집어서 종이의 겉면을 위로 향하게 합니다.

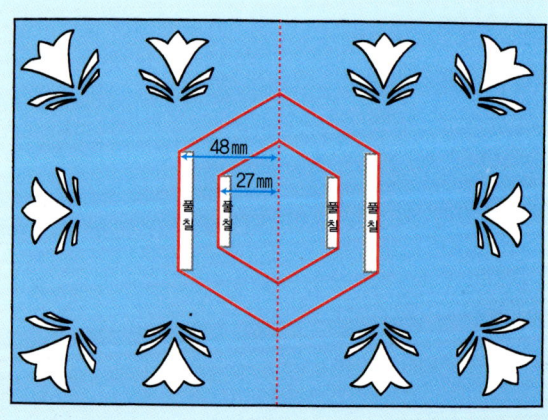

48mm

27mm

풀칠 풀칠 풀칠 풀칠

한가운데의 접는 선에서 27mm(안쪽 왕관을 붙이는 위치)와 48mm(바깥쪽 왕관을 붙이는 위치)에 선을 긋고, 거기에 맞춰 왕관 부품을 붙입니다. 이때 위의 그림처럼 풀칠은 안쪽을 향하게 합니다.

▶ 안쪽의 왕관 부분은 89페이지의 도안 B를 도화지에 그린 후 육각형을 만드세요.
▶ 바깥쪽 왕관 부분은 89페이지의 도안 C를 도화지에 그린 후 육각형을 만드세요.

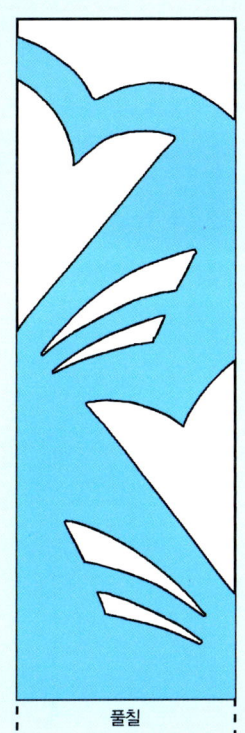

안쪽 왕관
89페이지 참조
도안
B

복사비율
100%

풀칠

다 오려 낸 후에는 뒤집어서 종이의 겉면을 위로 향하게 합니다.
그런 뒤 선을 모두 접고, 종이 끝의 안쪽에 풀칠하여 육각형으로 만듭니다.

풀칠

풀칠

┈┈ 산접기

풀칠

바깥쪽 왕관
89페이지 참조
도안
C

복사비율

안팎으로 이중 왕관이 나타나는 카드입니다. 많은 꽃이 피어
있는 모습을 표현하고 있어, 완성하면 매우 화려한 느낌이
됩니다. 졸업이나 입학 축하 인사를 적어 선물하는 것은 어
떨까요?

대지와 왕관의 부품은 복사비율이 다르니 주의하세요.

B5 도화지를 두 번 접어서 만듭니다.

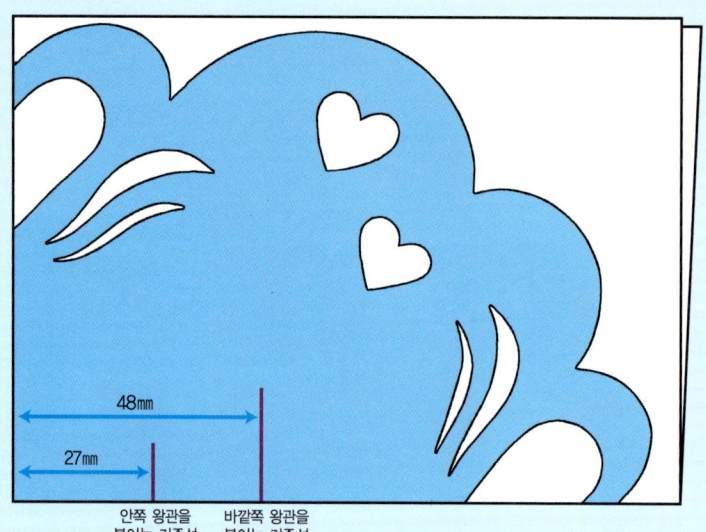

48mm

27mm

안쪽 왕관을
붙이는 기준선

바깥쪽 왕관을
붙이는 기준선

복사비율
140%

중심점에서 27mm와 48mm가 되는 곳에 왕관을 붙이는 기준선을 그으세요.

다 오려 낸 후에는 뒤집어서 종이의 겉면을 위로 향하게 합니다.

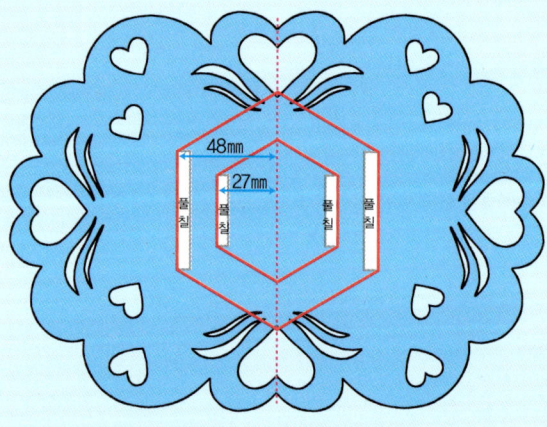

48mm

27mm

풀칠 풀칠 풀칠 풀칠

한가운데의 접는 선에서 27mm(안쪽 왕관을 붙이는 위치)와 48mm(바깥쪽 왕관을 붙이는 위치)에 선을 긋고, 거기에 맞춰 왕관 부품을 붙입니다. 이때 위의 그림처럼 풀칠은 안쪽을 향하게 합니다.

▶ 안쪽의 왕관 부분은 89페이지의 도안 B를 도화지에 그린 후 육각형을 만드세요.
▶ 바깥쪽 왕관 부분은 89페이지의 도안 C를 도화지에 그린 후 육각형을 만드세요.

안쪽 왕관
89페이지 참조

도안
B

복사비율
100%

풀칠

다 오려 낸 후에는 뒤집어서 종이의 겉면을 위로 향하게 합니다.
그런 뒤 선을 모두 접고, 종이 끝의 안쪽에 풀칠하여 육각형으로 만듭니다.

풀칠

⚊⚊⚊⚊ 산접기

하트가 나비처럼 춤추는 모습을 디자인한 화려한 작품입니
다. 조금 손이 가는 작품이지만 받은 사람이 카드를 펼친 순
간의 놀라움도 그만큼 커질 것입니다.

바깥쪽 왕관
89페이지 참조

도안

복사비율

대지와 왕관의 부품은 복사비율이 다르니 주의하세요.

B5 도화지를 두 번 접어서 만듭니다.

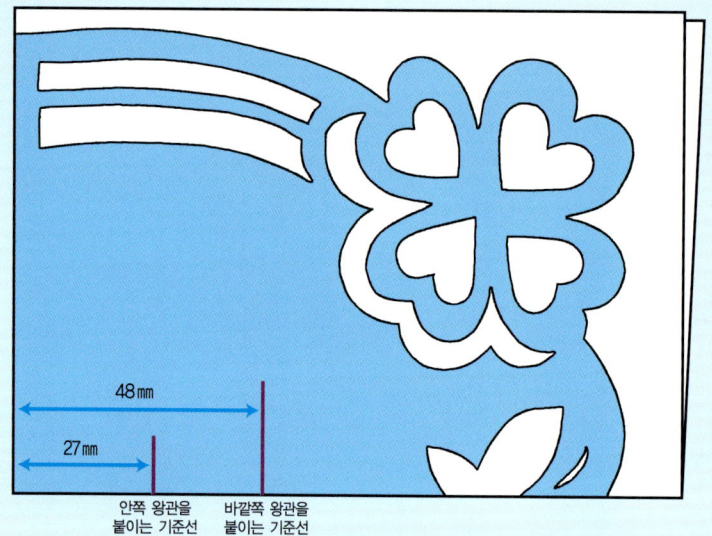

복사비율
140%

안쪽 왕관을
붙이는 기준선

바깥쪽 왕관을
붙이는 기준선

중심점에서 27mm와 48mm가 되는 곳에 왕관을 붙이는 기준선을 그으세요.

다 오려 낸 후에는 뒤집어서 종이의 겉면을 위로 향하게 합니다.

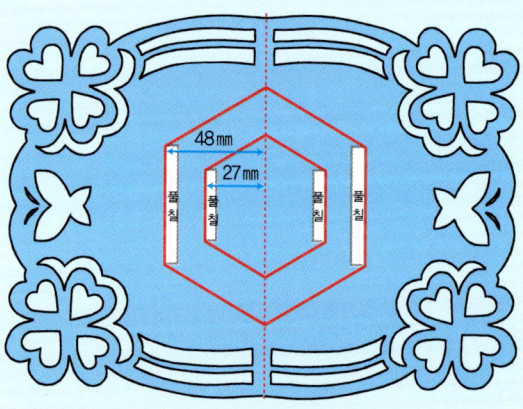

한가운데의 접는 선에서 27mm(안쪽 왕관을 붙이는 위치)와 48mm(바깥쪽 왕관을 붙이는 위치)에 선을 긋고, 거기에 맞춰 왕관 부품을 붙입니다. 이때 위의 그림처럼 풀칠은 안쪽을 향하게 합니다.

▶ 안쪽의 왕관 부분은 89페이지의 도안 B를 도화지에 그린 후 육각형을 만드세요.
▶ 바깥쪽 왕관 부분은 89페이지의 도안 C를 도화지에 그린 후 육각형을 만드세요.

안쪽 왕관
89페이지 참조

도안

복사비율
100%

풀칠

다 오려 낸 후에는 뒤집어서 종이의 겉면을 위로 향하게 합니다.
그런 뒤 선을 모두 접고, 종이 끝의 안쪽에 풀칠하여 육각형으로 만듭니다.

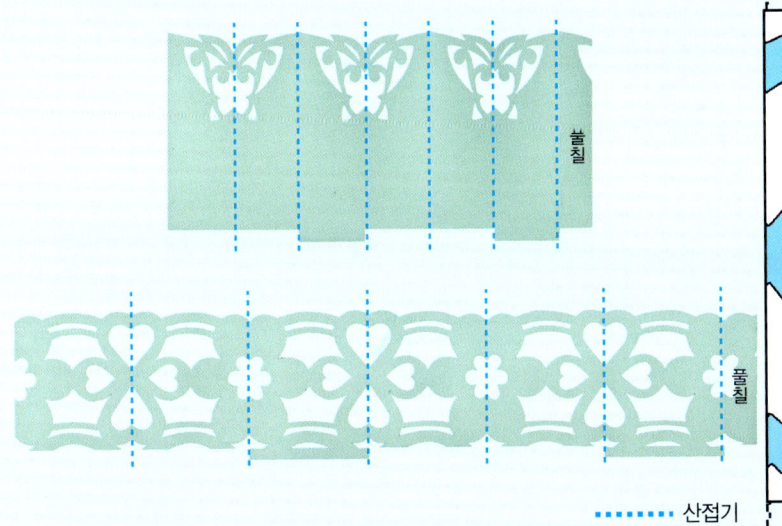

풀칠

풀칠

••••• 산접기

풀칠

바깥쪽 왕관
89페이지 참조

도안
C

복사비율
100%

네잎클로버 꽃밭을 날아다니는 나비를 표현한 작품입니다.
클로버에 하트 모양의 창이 있는데, 이것을 오려 내지 않고
면으로 해도 좋을 것입니다.

180도 팝업 카드

180도 팝업 카드 만드는 방법

대지와 맞춰서 붙이는 종이오리기 방법은
72페이지의 두 번 접기(공정 1~3)와 같습니다.
세우는 부품을 붙이는 위치와 각도가 매우 중요합니다.

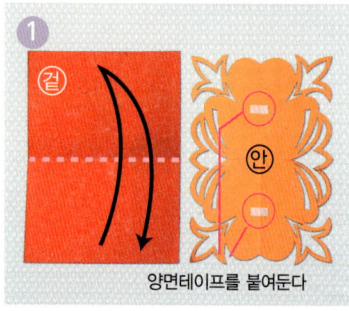

종이오리기를 붙일 B5 대지를 준비하고, 그것을 반으로 접어서 자국을 냅니다.

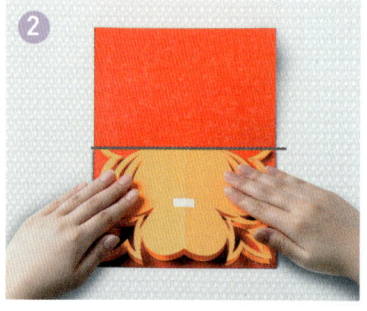

한가운데의 접는 선끼리 맞춘 뒤 종이오리기를 반으로 접은 상태에서 붙입니다.

종이오리기를 반으로 접은 상태에서 대지를 덮어서 붙입니다.

펼쳐서 종이오리기와 대지가 잘 붙어 있는지 확인해 봅니다.

세우는 부품의 중심선과 대지의 한가운데 접는 선을 맞추면서 붙이는 위치를 결정하세요.

직각삼각자의 60도 각도를 이용해서 ⑤에서 정한 위치부터 비스듬하게 자국을 내세요.

⑥에서 낸 60도 줄에 맞춰서 오른쪽 반분에 있는 한쪽 풀칠만 붙입니다.

한쪽 풀칠이 붙으면 부품을 사진처럼 반으로 접어둡니다.

부품을 반으로 접은 상태로, 대지를 덮어서 나머지 풀칠을 붙이세요.

⑩ 펼치면 나머지 풀칠도 정확히 60도 경사
로 대지에 붙어 있습니다.

⑪ 대지를 180도로 펼치면 튀어나오는 부품이 직각으로 일어섭니다.

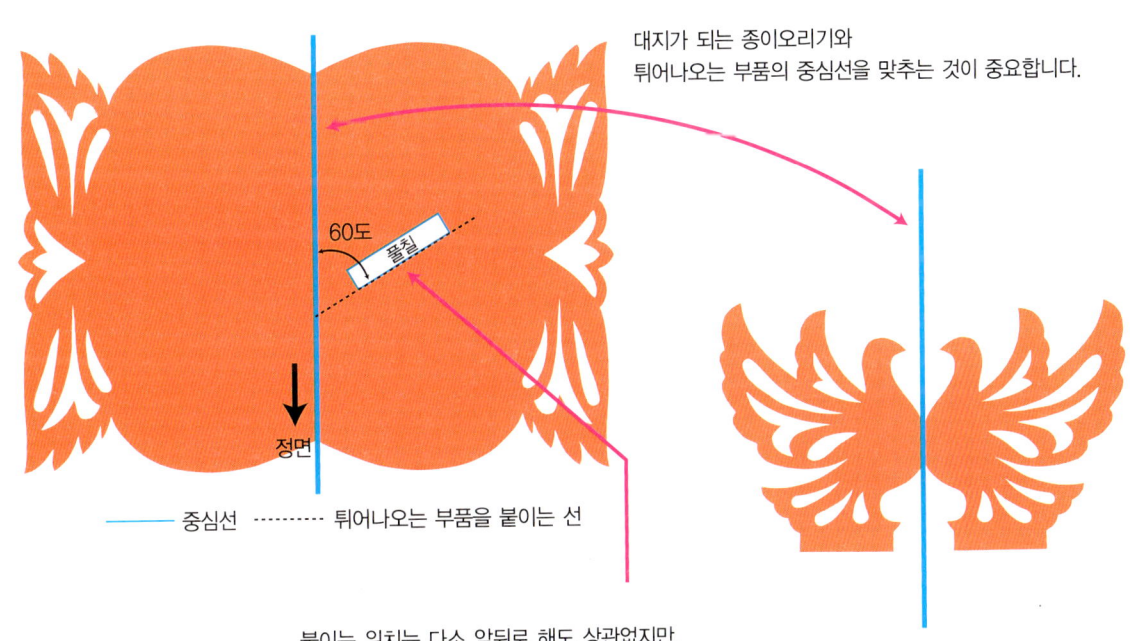

대지가 되는 종이오리기와
튀어나오는 부품의 중심선을 맞추는 것이 중요합니다.

60도

풀칠

정면

── 중심선　 ········· 튀어나오는 부품을 붙이는 선

붙이는 위치는 다소 앞뒤로 해도 상관없지만,
부품을 중심선에서 60도로 기울여 붙이는 것은 정확히 지키세요.
또 풀칠 방향에도 주의하세요.

대지와 왕관의 부품은 복사비율이 다르니 주의하세요.

B5 도화지를 두 번 접어서 만듭니다.

복사비율
140%

다 오려 낸 후에는 뒤집어서 종이의 겉면을 위로 향하게 합니다.

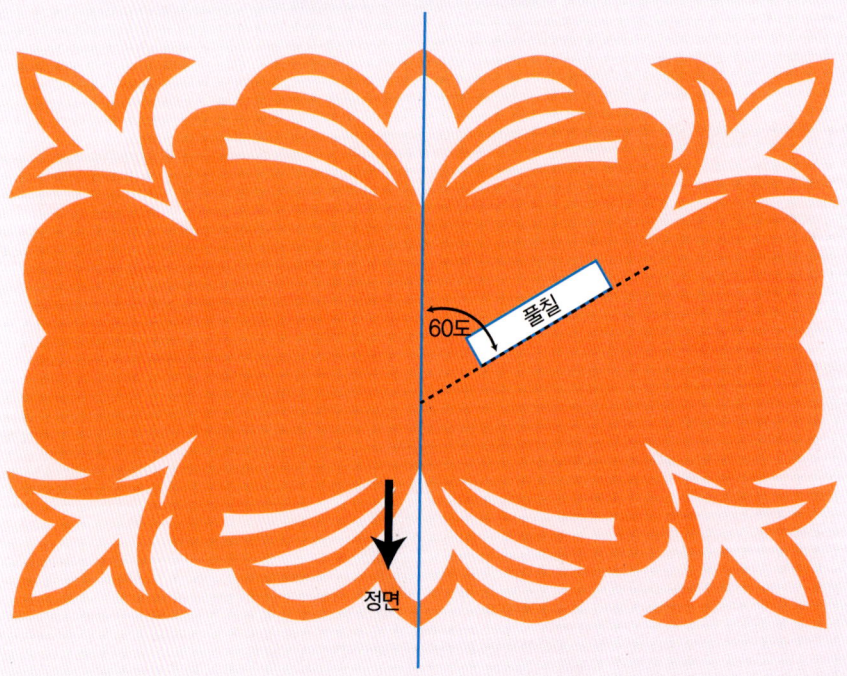

────── 중심선　　⋯⋯⋯⋯ 튀어나오는 부품을 붙이는 선

B6(B5 절반) 도화지를 반으로 접어서 만듭니다.
다 오려 낸 후에는 뒤집어서 종이의 겉면을 위로 향하게 합니다.

풀칠

·········· 접는 선

복사비율
100%

커다란 날개를 가진 나비가 튀어나오는 카드입니
다. 카드를 접고 펼칠 때 나비가 날갯짓하는 듯한
착각을 느낄 수 있습니다. 날개 모양은 당신의 센
스에 따라 자유롭게 연출해 보세요.

109

종이오리기가 만드는 그림자까지
생생하게 말을 걸어온다.

대지와 왕관의 부품은 복사비율이 다르니 주의하세요.

Design
80

B5 도화지를 두 번 접어서 만듭니다.

복사비율
140%

다 오려 낸 후에는 뒤집어서 종이의 겉면을 위로 향하게 합니다.

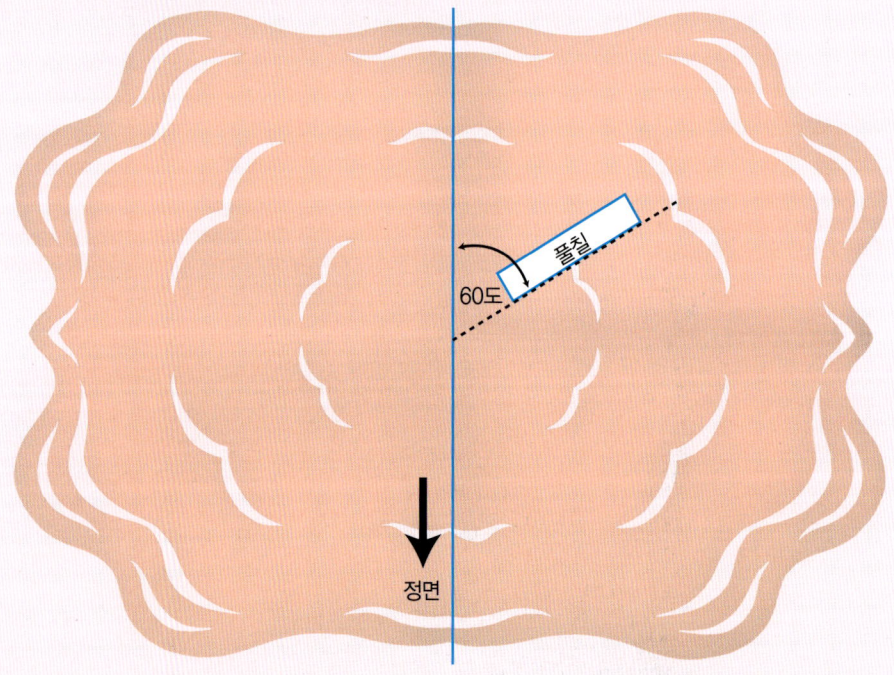

풀칠

60도

정면

──── 중심선 ·········· 튀어나오는 부품을 붙이는 선

B6(B5 절반) 도화지를 반으로 접어서 만듭니다.
다 오려 낸 후에는 뒤집어서 종이의 겉면을 위로 향하게 합니다.

풀칠

· · · · · · · · · · ▶ 접는 선

복사비율
100%

백조의 호수를 종이오리기로 표현해 보았습니다.
두 날개를 펼친 백조가 긴 목을 마주하여 커다란
하트를 만들어 냅니다. 메시지를 적고 싶다면 대
지 부분의 파문은 생략하세요.

대지와 왕관의 부품은 복사비율이 다르니 주의하세요.

B5 도화지를 두 번 접어서 만듭니다.

Design
81

복사비율
140%

다 오려 낸 후에는 뒤집어서 종이의 겉면을 위로 향하게 합니다.

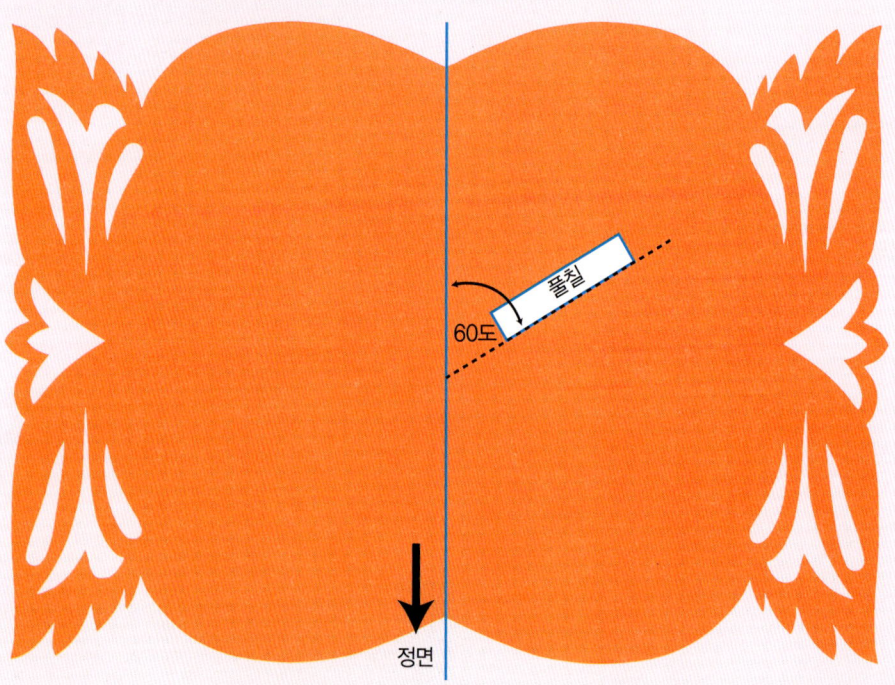

풀칠

60도

정면

──── 중심선   ---------- 튀어나오는 부품을 붙이는 선

B6(B5 절반) 도화지를 반으로 접어서 만듭니다.
다 오려 낸 후에는 뒤집어서 종이의 겉면을 위로 향하게 합니다.

풀칠

●●●●●●●●● 접는 선

비둘기를 모티브로 만든 작품입니다. 전부 다 흰색 종이로 만들어 내면 견본보다 더 경사스러운 분위기로 완성됩니다. 어떤 축하 용도로도 사용할 수 있는 디자인입니다.

대지와 왕관의 부품은 복사비율이 다르니 주의하세요.

Design
82

B5 도화지를 두 번 접어서 만듭니다.

복사비율
140%

다 오려 낸 후에는 뒤집어서 종이의 겉면을 위로 향하게 합니다.

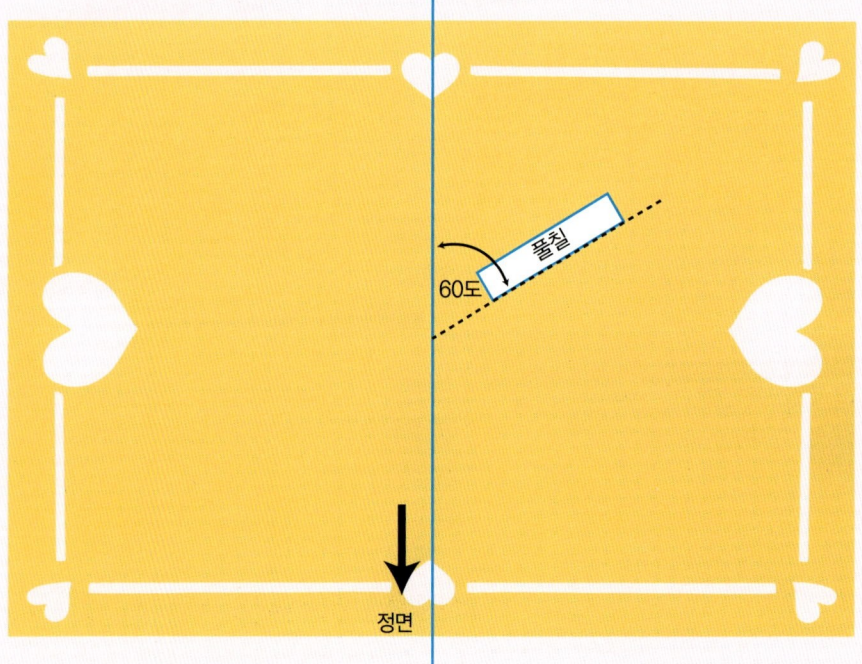

─────── 중심선   ┄┄┄┄┄┄ 튀어나오는 부품을 붙이는 선

B6(B5 절반) 도화지를 반으로 접어서 만듭니다.
다 오려 낸 후에는 뒤집어서 종이의 겉면을 위로 향하게 합니다.

풀칠

·········· 접는 선   복사비율 **100**%

사이좋은 두 마리의 개를 모티브로 만든 작품입
니다. 코와 코를 맞대고 하트를 들어 올리고 있는
데, 그 아래에 더욱 큰 하트를 배치해서, 앞다리
에 끼우고 있는 것처럼 연출해도 좋을 것입니다.
그러면 그곳에 메시지를 적을 수도 있을 거예요.

대지와 왕관의 부품은 복사비율이 다르니 주의하세요.

B5 도화지를 두 번 접어서 만듭니다.

복사비율
140%

다 오려 낸 후에는 뒤집어서 종이의 겉면을 위로 향하게 합니다.

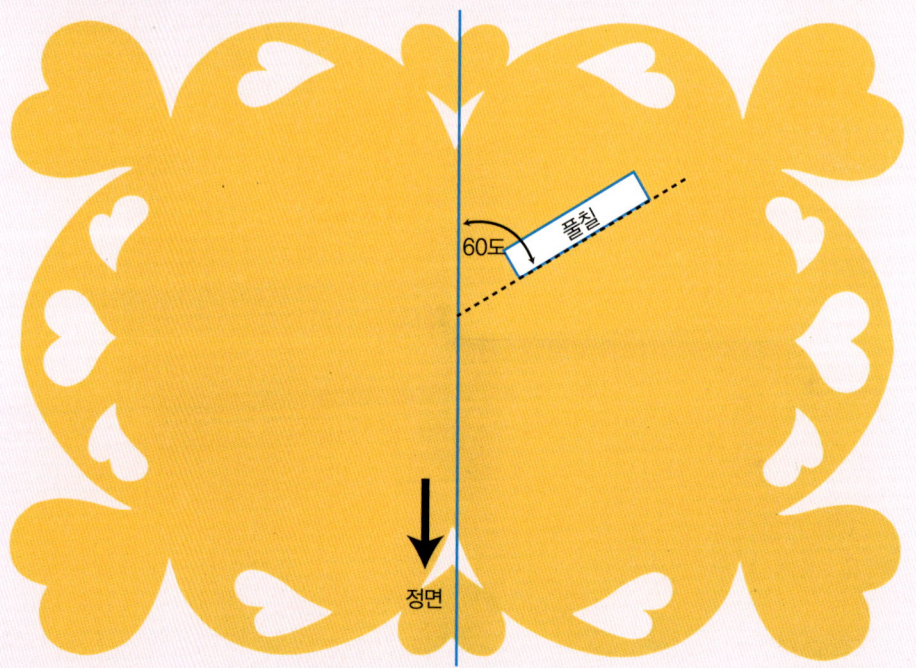

풀칠

60도

정면

―――― 중심선　- - - - - - - -　튀어나오는 부품을 붙이는 선

B6(B5 절반) 도화지를 반으로 접어서 만듭니다.
다 오려 낸 후에는 뒤집어서 종이의 겉면을 위로 향하게 합니다.

풀칠

•••••••••• 접는 선   복사비율 100%

귀여운 두 마리의 고양이가 커다란 하트를 받치
고 있는 밸런타인데이카드입니다. 고양이의 눈,
코, 입 부분은 섬세한 종이오리기가 필요하지만,
오려 내지 않고 펜으로 표정을 그려도 됩니다.

대지와 왕관의 부품은 복사비율이 다르니 주의하세요.

B5 도화지를 두 번 접어서 만듭니다

커다란 꽃이 핀 낮은 풀숲에서 뛰어노는 토끼의 모습을 종이오리기로 표현했습니다. 토끼 대신 다람쥐나 여우 등 좋아하는 동물로 만들어 보세요.

다 오려 낸 후에는 뒤집어서 종이의 겉면을 위로 향하게 합니다.

Design
84

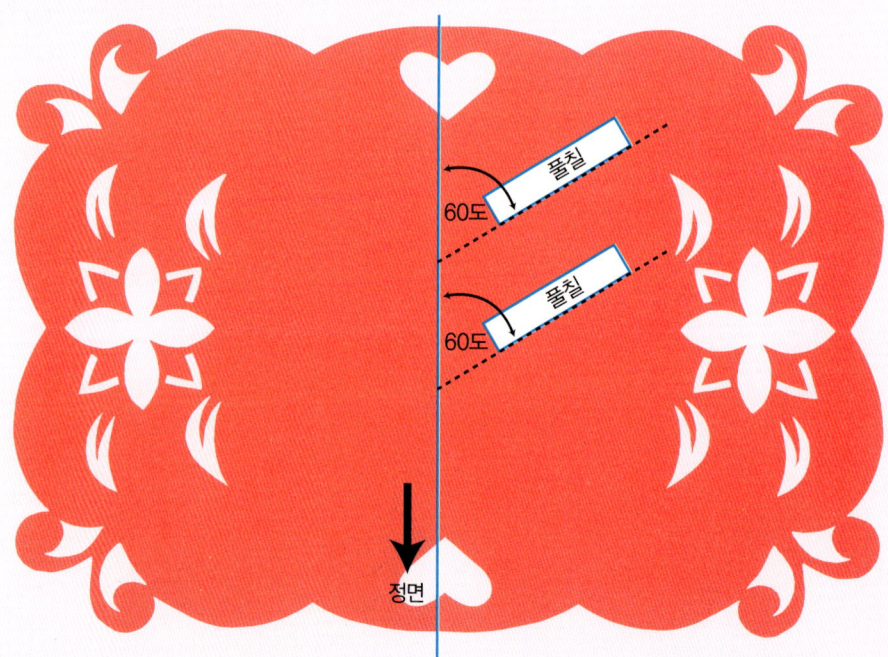

60도 풀칠

60도 풀칠

정면

———— 중심선   ·········· 튀어나오는 부품을 붙이는 선

B6(B5 절반) 도화지를 반으로 접어서 만듭니다.
다 오려 낸 후에는 뒤집어서 종이의 겉면을 위로 향하게 합니다.

풀칠

·········· 접는 선

복사비율
100%

풀칠

·········· 접는 선

복사비율
100%

모빌과 화환 만드는 방법

모빌과 화환은 천장이나 커튼레일,
도어 위쪽에 매달아서 장식하는 작품입니다.
어느 것이든 몇 가지 작품을 견사나 풀로 접착하고 연결해서
1개의 작품으로 완성합니다.

♠ 모빌

모든 부품은 종이를 두 번 접어서 만듭니다. 종이의 낭비가 적도록 부품마다 최적사이즈를 소개하고 있는데, 크게 하면 B5, 작은 부품이라면 B6 도화지로 만들 수 있습니다.

이 책의 견본에서는 모두 색도화지를 이용해 그 색을 살려서 제작했습니다. 최근에는 색색별 종이를 문구점에서 손쉽게 구할 수 있으니, 자신만의 센스를 발휘해 보세요.

♠ 화환

비둘기 부품을 제외하고 모든 부품을 종이를 두 번 접어서 만들었습니다. 종이의 낭비가 적도록 부품마다 최적사이즈를 소개하고 있는데, 어느 것이든 B5 도화지로 만들 수 있습니다.

부품끼리 접착할 때는 접착면 전체에 풀을 칠하지 말고, 상하좌우, 그 사이의 얇은 부분 안쪽 등 포인트에만 칠하면 충분합니다. 종이가 얇아서 몇 군데만 풀 칠해도 잘 붙습니다. 풀을 너무 많이 바르면 종이가 풀의 수분을 흡수해서 우글거리는 등 깔끔하지 않게 완성되므로 주의하세요.

• 견사絹紗에 관해서

부품끼리 연결하거나 전체를 매달 때에는 견사를 사용하세요. 길이가 긴 견사를 준비해서, 넉넉하게 큰 원을 만들면서 매달아 보세요. 확실하게 다 매달은 후에 여분의 견사를 자르세요. 컬이 생긴 견사는 수증기를 쐬면 곧게 펴져서 작업하기 쉽습니다.

• 작품의 크기에 관해서

작품의 크기를 자유롭게 조정하고 싶은 경우에는 그 작품에 사용되는 부품의 모든 형지를 같은 확대축소비율로 복사하세요.

바라보기만 해도
마치 구름 속을
산책하는 기분.

창문으로 바람이 들어올 때마다
살랑살랑 부드럽게 움직이면서
그림자도 춤을 춥니다.

Design
85

Design
86

Design
87

종이 안쪽에 밑그림을 그릴 수 있도록 종이를 접으세요.
다 오려 낸 후에는 뒤집어서 종이의 겉면을 위로 향하게 합니다.

Design
85

완성사진은
124페이지에 있습니다.

B4 도화지를 두 번 접어서 만듭니다.

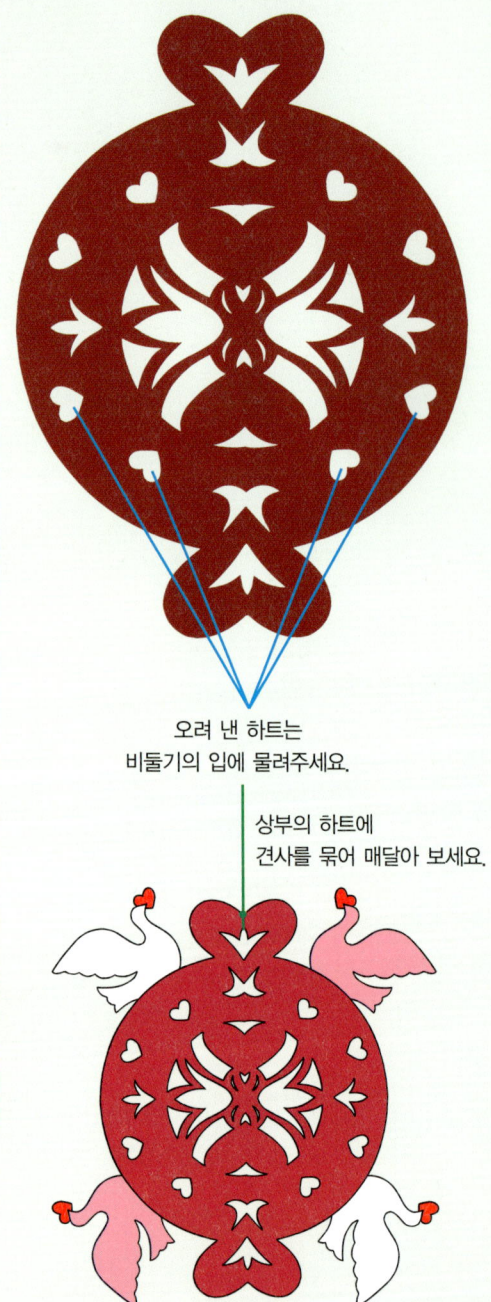

오려 낸 하트는
비둘기의 입에 물려주세요.

상부의 하트에
견사를 묶어 매달아 보세요.

하트를 입에 문 비둘기가 날개를 펼쳐 날갯짓하고 있
습니다. 현관에 장식하여 함께 손님을 맞이하는 것은
어떨까요?

복사비율
140%

B6(B5 절반) 도화지를 반으로 접어서 만듭니다.

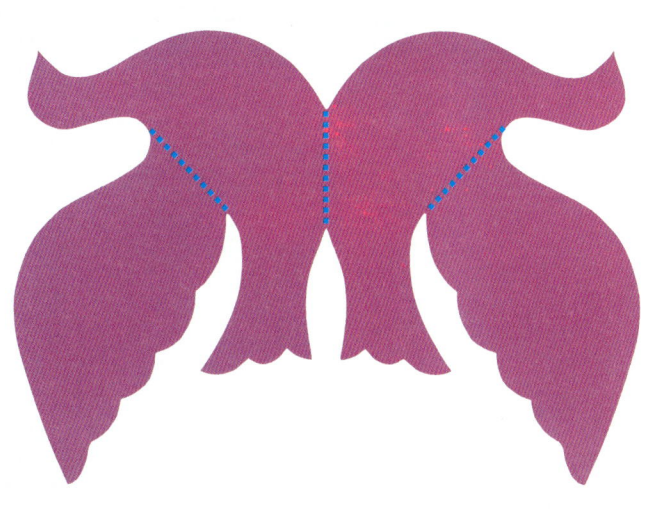

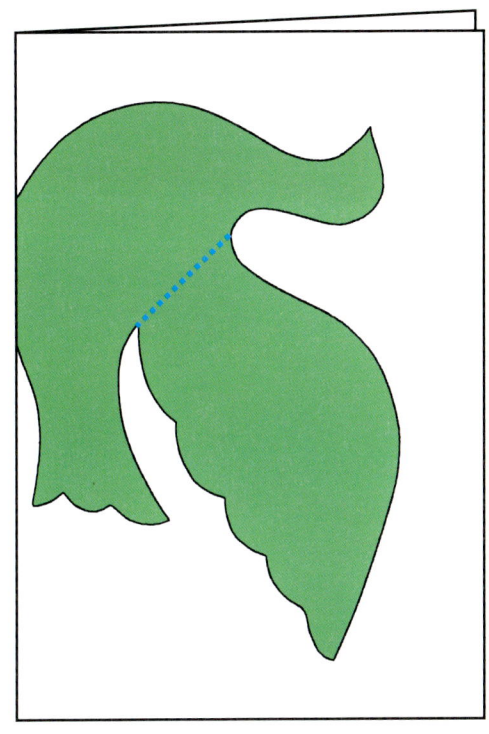

같은 것을 4개 만드세요.
색깔을 다르게 해도 괜찮습니다.

·········· 접는 선  복사비율 **140**%

비둘기 만드는 방법

① 왼쪽 페이지에 있는 원형 화환 본체에서 오려 낸 하트를 사용합니다. 한쪽 부리 끝에 하트를 풀로 붙이세요.

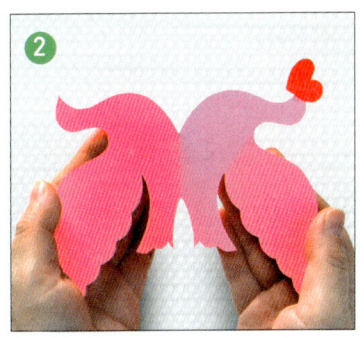

② 하트를 붙인 후에, 날개 외의 본체(비둘기의 목, 동체, 꼬리)에 풀칠을 하고 반으로 접어서 단단히 접착시킵니다.

③ 날개를 좌우로 펼치세요. 같은 것을 4개 만들어 화환 본체 안에 접착합니다. 접착 위치는 124페이지의 사진을 참고하세요.

종이 안쪽에 밑그림을 그릴 수 있도록 종이를 접으세요.
다 오려 낸 후에는 뒤집어서 종이의 겉면을 위로 향하게 합니다.

Design
86

완성사진은
125페이지에 있습니다.

B5 도화지를 반으로 접어서 만듭니다.

복사비율
140%

모든 부분의 중심
을 통과시켜서
연결하세요.

모자 위쪽에
작은 구멍을 뚫어
견사를 통과해 묶으세요.

커다란 구름의 아래쪽에
작은 구멍을 뚫어 견사를
통과해 묶으세요.

B6(B5 절반) 도화지를 반으로 접어서 만듭니다.

기구에 올라탄 사람이 활기차게 손을 흔들고 있습니다. 부드러운 구름을 따라 바람에 실려 가는 모습이 전해지나요? 구름은 몇 개를 매달아도 상관없습니다. 색깔을 달리해서 연출해 보세요.

※ 작은 구름은 B6보다 좀 더 작은 도화지로도 만들 수 있습니다.

종이 안쪽에 밑그림을 그릴 수 있도록 종이를 접으세요.
다 오려 낸 후에는 뒤집어서 종이의 겉면을 위로 향하게 합니다.

Design
87

완성사진은
125페이지에 있습니다.

B5 도화지를 반으로 접어서 만듭니다.

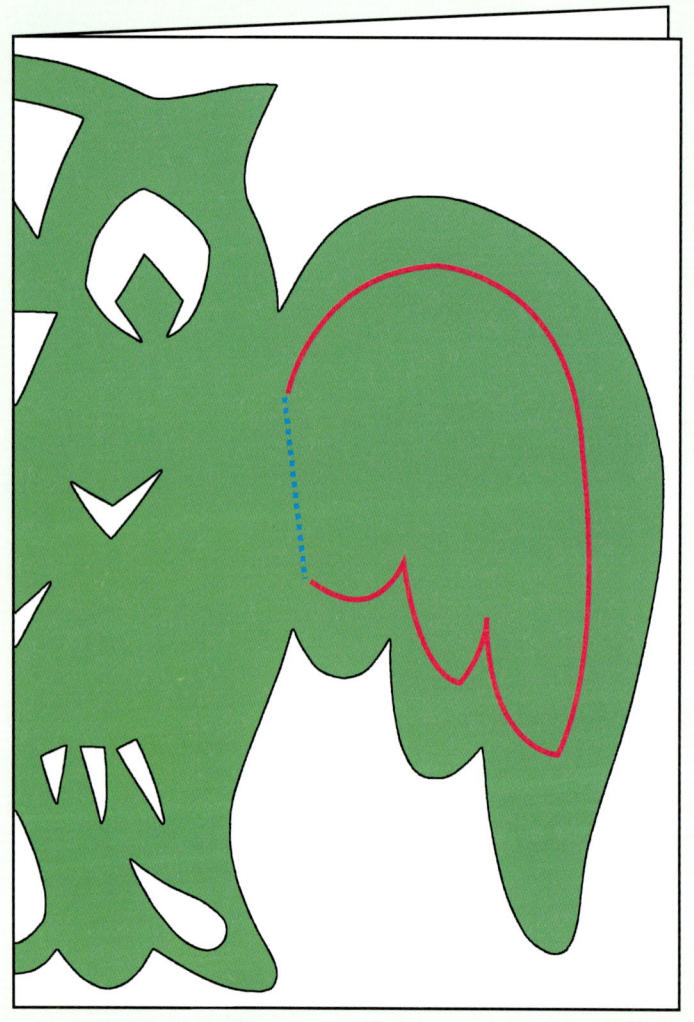

좌우의 날개 안쪽을 골접기하고, 앞으로 기울어진 상
태로 세우세요.

커다란 올빼미가 날갯짓하고 있습니다.
그 밑에 태평한 표정의 올빼미가 함께
있습니다. 동그란 눈이 귀여운 천연기념
물 올빼미의 특징을 상상해 보세요. 센
스를 발휘해서 다양한 표정의 올빼미를
만들어 보세요.

―――― 칼집　　‥‥‥‥‥ 접는 선

복사비율
140%

모든 부분의 중심을
통과시켜서 연결하세요.

골접기로 좌우의
날개를 세우세요.

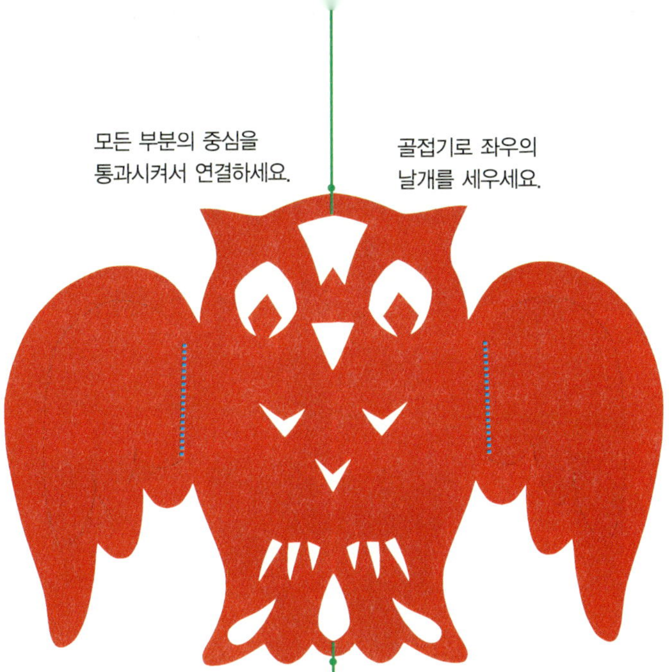

B6(B5 절반) 도화지를 반으로 접어서 만듭니다.

꼬리 아래쪽에
작은 구멍을 뚫어
견사를 통해 연결하세요.

같은 것을 2개 만드세요.
색깔을 다르게 해도 됩니다.

복사비율
140%

Design
88

가벼운 종이인데도 이 큰 존재감.
사랑스러운 형태가 당신을 치유해 준다.

종이 안쪽에 밑그림을 그릴 수 있도록 종이를 접으세요.
다 오려 낸 후에는 뒤집어서 종이의 겉면을 위로 향하게 합니다.

완성사진은
132페이지에 있습니다.

B5 도화지를 반으로 접어서 만듭니다.

크리스마스에 장식하고 싶은 모빌입니다.
녹색, 빨간색, 금색의 조합은 크리스마스
를 대표하지요. 기본 종이오리기 중에서
맞는 형태를 찾아 눈의 결정으로 보이게
매달아 보는 것도 재미있을 것입니다.

B6(B5 절반) 도화지를 반으로 접어서 만듭니다

복사비율
140%

복사비율
140%

25×25cm 도화지를 반으로 접어서 만듭니다.

모든 부분의 중심을
통과시켜서 연결하세요.

복사비율
140%

모빌과 화환

종이 안쪽에 밑그림을 그릴 수 있도록 종이를 접으세요.
다 오려 낸 후에는 뒤집어서 종이의 겉면을 위로 향하게 합니다.

Design 89

완성사진은
133페이지에 있습니다.

B5 도화지를 반으로 접어서 만듭니다.

왼쪽 위와 오른쪽 아래의 꽃 안쪽을 산접기, 오른쪽
위와 왼쪽 아래의 꽃 안쪽을 골접기하여 방향이 앞
뒤로 교차하게 해서 꽃잎 안쪽을 기울어진 상태로
세웁니다.

모든 부분의
중심을 통과시켜서
연결하세요.

골접기로
좌우의 날개를
세웁니다.

━━━ 칼집   ·········· 접는 선

복사비율
140%

B6(B5 절반) 도화지를 반으로 접어서 만듭니다.

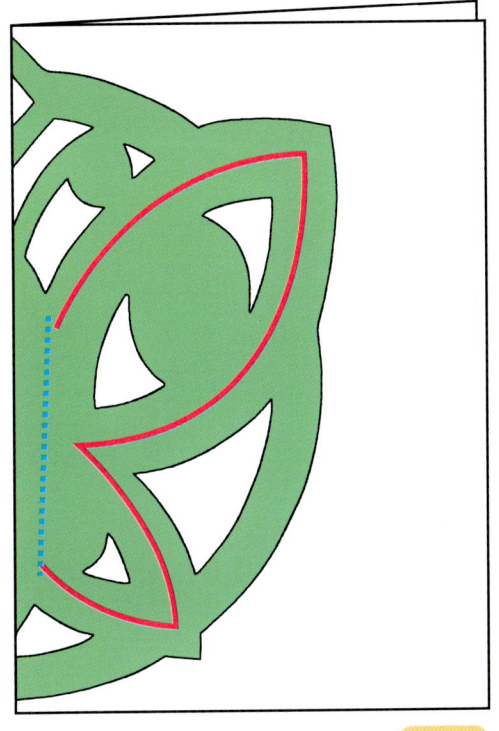

크고 작은 나비 어느 쪽이든 좌우의 날개 안쪽을 골접
기하여 앞쪽으로 기울어지게 세우세요.

크고 작은 나비를 각각 2개씩 만드세요.
색깔을 다르게 해도 괜찮습니다.

남쪽나라 섬의 숲속, 선명한 색깔의 꽃에, 거기에
지지 않을 만큼 아름다운 날개를 가진 나비가 무리
를 이루고 있는 이미지로 만든 작품입니다. 균형을
잡기 쉬운 작품입니다. 가능한 많은 나비를 매달아
보세요.

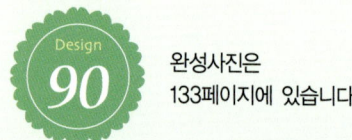

종이 안쪽에 밑그림을 그릴 수 있도록 종이를 접으세요.
다 오려 낸 후에는 뒤집어서 종이의 겉면을 위로 향하게 합니다.

Design 90

완성사진은
133페이지에 있습니다.

25×25 cm 도화지를 두 번 접어서 만듭니다.

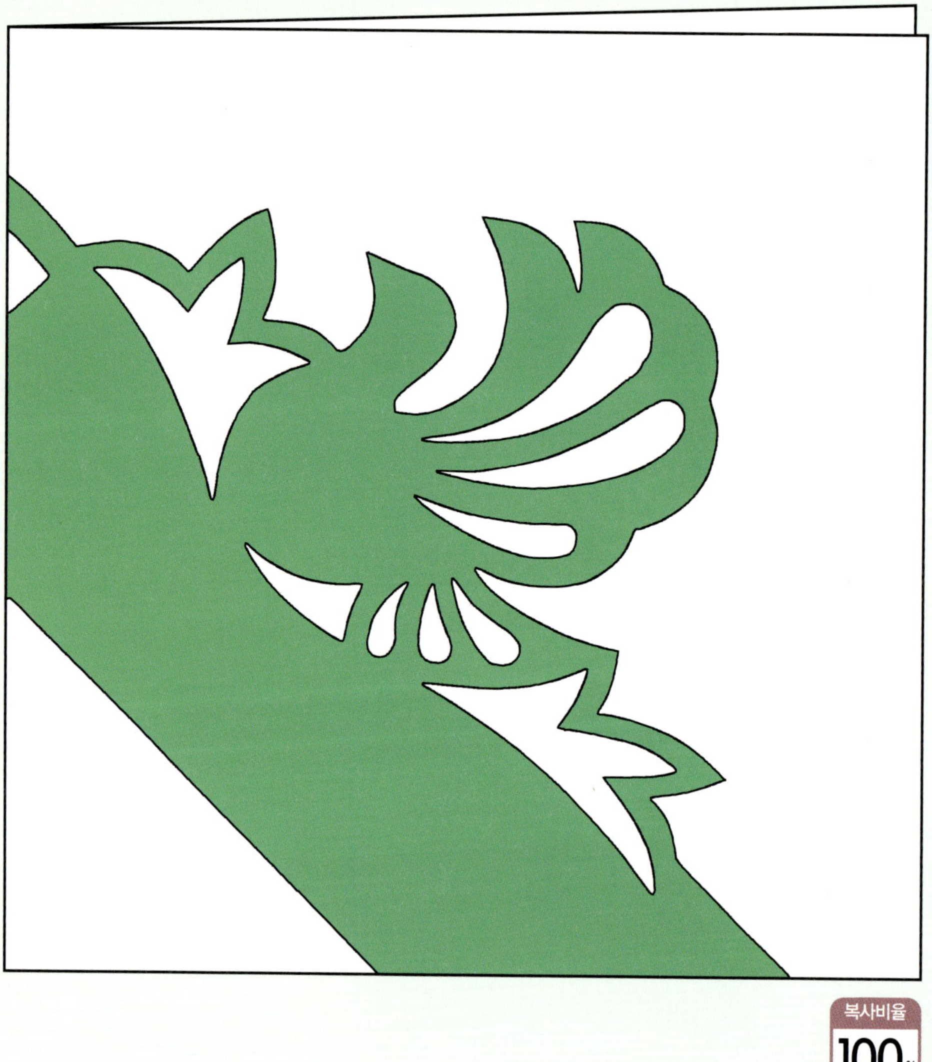

복사비율 100%

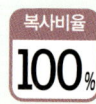

14×14 cm 도화지를 두 번 접어서 만듭니다.

접는 선과 중심선을
맞춰서 포개어 붙이세요.

새를 모티브로 한 마름모꼴 화환입니다. 화
환은 색깔 배치에 따라서 인상이 매우 달라
집니다. 계절에 맞춰서 연출해 보세요. 나무
열매 등을 매다는 것도 즐거울 것입니다.

솔방울이나 메시지카드 등
당신의 아이템을 살려서 매달아 보세요.

형태나 색깔에 대한 감각이 달라졌습니다.
감성이 작품에 드러나기 때문이지요.

종이 안쪽에 밑그림을 그릴 수 있도록 종이를 접으세요.
다 오려 낸 후에는 뒤집어서 종이의 겉면을 위로 향하게 합니다.

Design
91

완성사진은
140페이지에 있습니다.

25×25 cm 도화지를 두 번 접어서 만듭니다.

꽃과 잎사귀의 실루엣을 넉넉히 쌓아올린 화환입니다. 3개의 부품으로
완성되었는데, 가장 작은 마름모꼴의 종이오리기 대신 메시지카드나 사
진 등을 매달아도 좋지 않을까요?

복사비율
100%

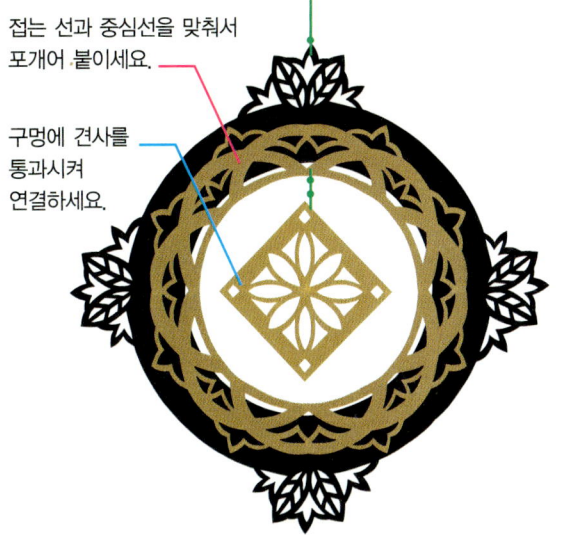

접는 선과 중심선을 맞춰서
포개어 붙이세요.

구멍에 견사를
통과시켜
연결하세요.

14×14cm 도화지를 두 번 접어서 만듭니다.

22×22cm 도화지를
두 번 접어서 만듭니다..
형지는 실치수 표시입니다.

종이 안쪽에 밑그림을 그릴 수 있도록 종이를 접으세요.
다 오려 낸 후에는 뒤집어서 종이의 겉면을 위로 향하게 합니다.

Design 92

완성사진은
141페이지에 있습니다.

25×25cm 도화지를 두 번 접어서 만듭니다.

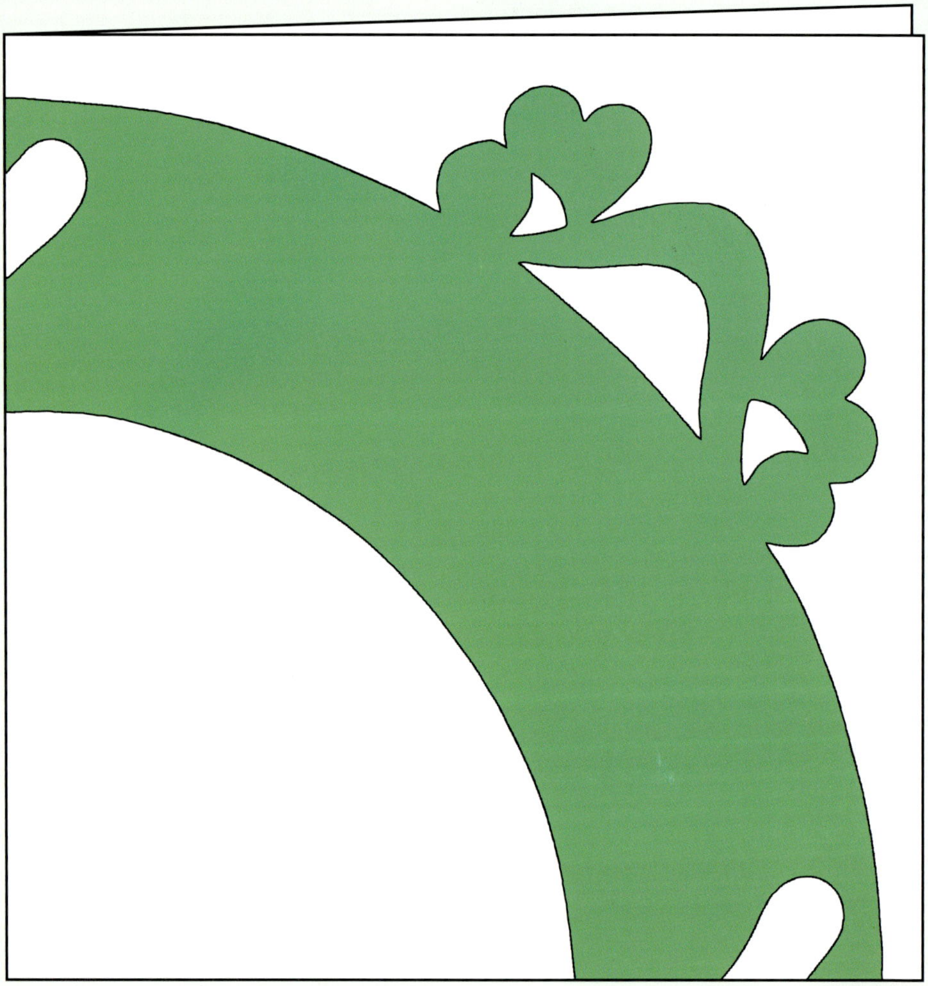

하트를 모티브로 만든 화환입니다. 화환은 도어나 벽에 붙여 장식하는 외에도 S자 후크 등으로 간단히 커튼레일 등에 매달 수 있습니다.

복사비율 100%

접는 선과 중심선을 맞춰서
포개어 붙이세요.

구멍에 견사를
통과시켜
연결하세요.

14×14cm 도화지를 두 번 접어서 만듭니다.

22×22cm 도화지를
두 번 접어서 만듭니다.
형지는 실치수 표시입니다.

B5 도화지로
만드는
꽃병커버

B5 도화지로 꽃병커버 만드는 방법

B5 도화지를 접어서 만드는 꽃병커버입니다.
꽃병커버 외에도 벽에 비치는 모양이 아름다운 양초커버나
보틀커버로도 사용할 수 있습니다.

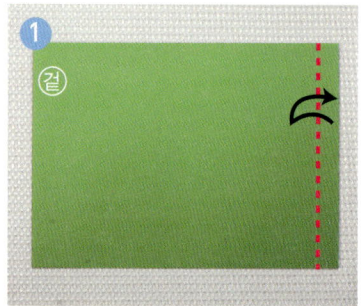

B5 종이를 사용합니다. 오른쪽에서 2cm 부분에 접은 자국을 만들어서 펼칩니다.

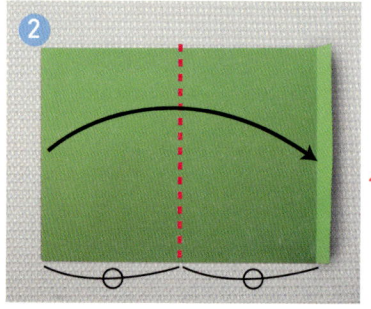

오른쪽의 2cm만큼 접은 부분(풀칠)을 제 외하고 반으로 접으세요.

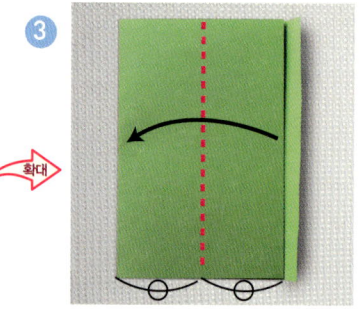

위의 1장을 왼쪽으로 반만 접으세요. 자 국을 확실하게 내세요.

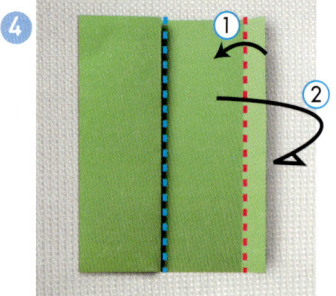

먼저 풀칠을 골접기하고 ① 연결되어 있 는 아래의 1장을 산접기로 뒤쪽으로 접으 세요 ②

순서대로 바르게 병풍접기가 되었습니다. 이것으로 접는 작업은 완성되었습니다.

마지막으로 커버의 안쪽이 되는 뒷면에 연필로 밑그림을 그리세요.

풀칠 부분도 함께 접은 상태에서 신중하 게 오리세요.

다 오린 후 펼친 상태입니다. 종이 안쪽 이 위로 오게 한 뒤 좌우를 바꿔서 뒤집 으세요.

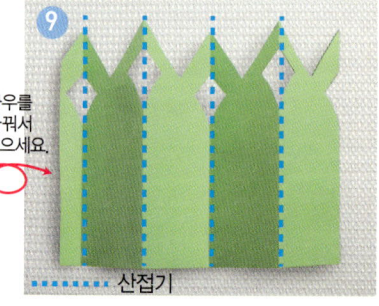

접는 선을 전부 산접기로 하여 상자 모양 으로 만듭니다.

146

- - - - - - - 으로 둘러싼 풀칠 부분에 풀을 칠하고 측면의 안쪽에 붙이세요.

풀칠 부분을 안쪽으로 감추듯이 붙이면 전체적인 모양이 정돈되면서 완성됩니다.

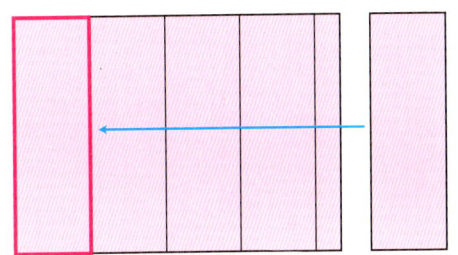

이 책의 형지 사이즈는 B5에 맞춰져 있습니다만, 만드는 방법만 같다면 크기는 상관없습니다.
양초커버로 사용할 경우에는 투명한 유리컵 등에 양초를 넣은 후 불을 켜도록 하세요.
용지는 조금 두께가 있는 색도화지가 자립할 수 있어 좋습니다.

접고 오리고 펼친다

다양한 크기의 종이로 만들어 보세요.
본서의 형지는 B5에 맞췄지만, 140% 확대복사하면 B4에 맞는 형지 크기가 됩니다.

147

꽃꽂이를 하거나 와인을 고르거나
양초를 태울 때,
커버를 만들어 장식하면
분위기가 더 아름다워집니다.

B5 도화지를 4등분으로 접어서 만듭니다(종이 안쪽에 밑그림을 그릴 수 있도록 접으세요).

Design
93

복사비율
100%

다 오려 내면 뒤집어서 종이의 겉면을 위로 향하게 합니다. 그런 뒤 접는 선을 전부 산접기하고 풀칠을 이웃의 측면 안쪽에 붙여서 사각형으로 만듭니다.

풀칠

∙∙∙∙∙∙∙∙∙ 산접기

나비의 날개를 접어서 날갯짓하는 것처럼 보입니다. B5보다 큰 종이로 만들 때는 날개 무늬를 더 얇게 연출하는 것도 좋습니다.

접는 선을 이용해서 칼집을 표시한 부분을 세웁니다.

────── 칼집 ∙∙∙∙∙∙∙∙∙ 접는 선

다 오려 내면 뒤집어서 종이의 겉면을 위로 향하게 합니다. 그런 뒤 접는 선을 전부 산접기하고 풀칠을 이웃의 측면 안쪽에 붙여서 사각형으로 만듭니다.

복사비율
100%

풀
칠

•••••••• 산접기

잎사귀를 모티브로 만든 작품입니다. 종이봉투를 뜯어서 용지로 사용하는 것도 하나의 아이디어가 됩니다. 종이봉투의 무늬를 살려서 새로운 작품을 만들어 보세요.

151

B5 도화지를 4등분으로 접어서 만듭니다(종이 안쪽에 밑그림을 그릴 수 있도록 접으세요).

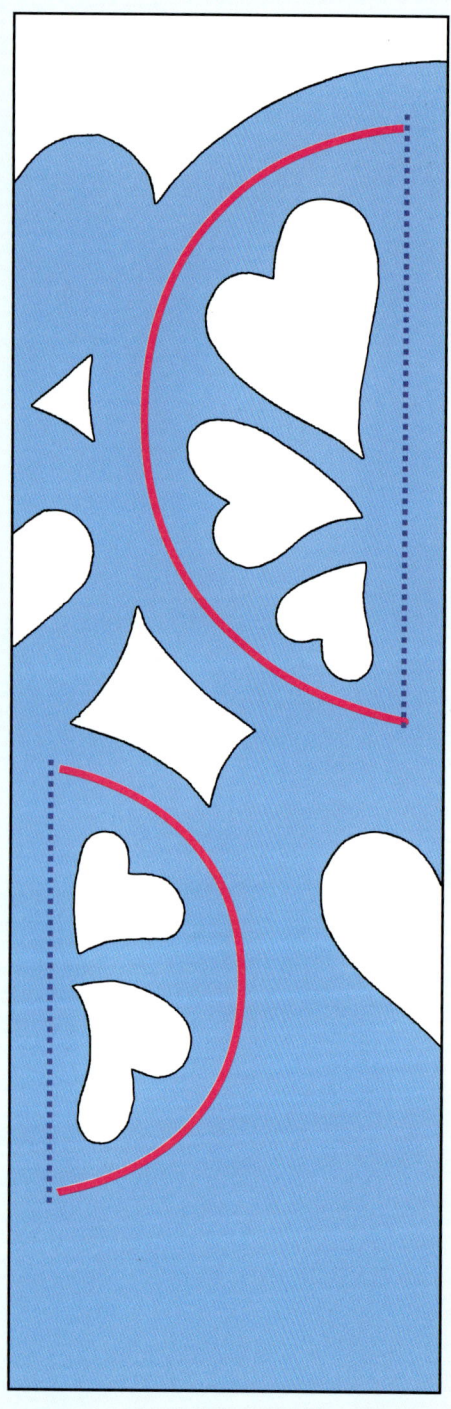

Design
95

복사비율
100%

다 오려 내면 뒤집어서 종이의 겉면을 위로 향하게 합니다. 그런 뒤 접는 선을 전부 산접기하고 풀칠을 이웃의 측면 안쪽에 붙여서 사각형으로 만듭니다.

∙∙∙∙∙∙∙∙ 산접기

하트의 실루엣을 오려 낸 오브제 같은 작품입니다. 접는 부분은 칼날의 등 부분을 자에 대고 확실하게 자국을 낸 후에 접으세요.

접는 선을 이용해서 칼집을 표시한 부분을 세웁니다.

───── 칼집 ∙∙∙∙∙∙∙∙ 접는 선

다 오려 내면 뒤집어서 종이의 겉면을 위로 향하게 합니다. 그런 뒤 접는 선을 전부 산접기 하고 풀칠을 이웃의 측면 안쪽에 붙여서 사각형으로 만듭니다.

복사비율 100%

풀칠

••••• 산접기

귀를 접어서 표정을 만든 개를 모티브로 만든 작품입니다. 개의 얼굴은 오려 내어 만드는 방법 외에도 펜으로 그려도 됩니다. 그렇게 한다면 한 마리마다 표정을 다르게 할 수 있습니다.

접는 선을 이용해서 칼집을 표시한 부분을 세웁니다.

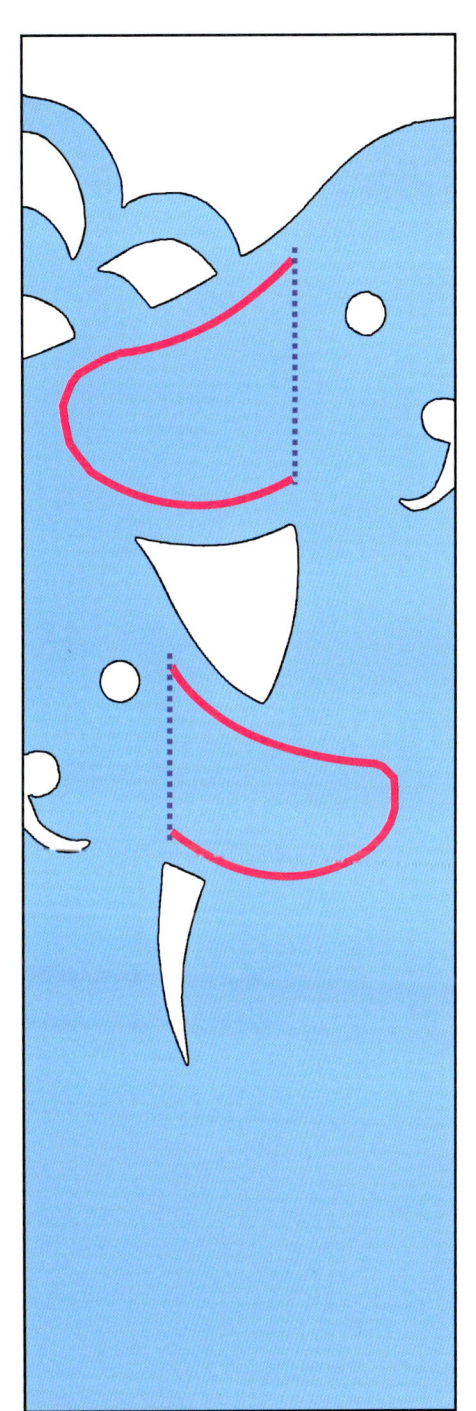

──── 칼집   •••••••• 접는 선

153

B5 도화지를 4등분으로 접어서 만듭니다 (종이 안쪽에 밑그림을 그릴 수 있도록 접으세요).

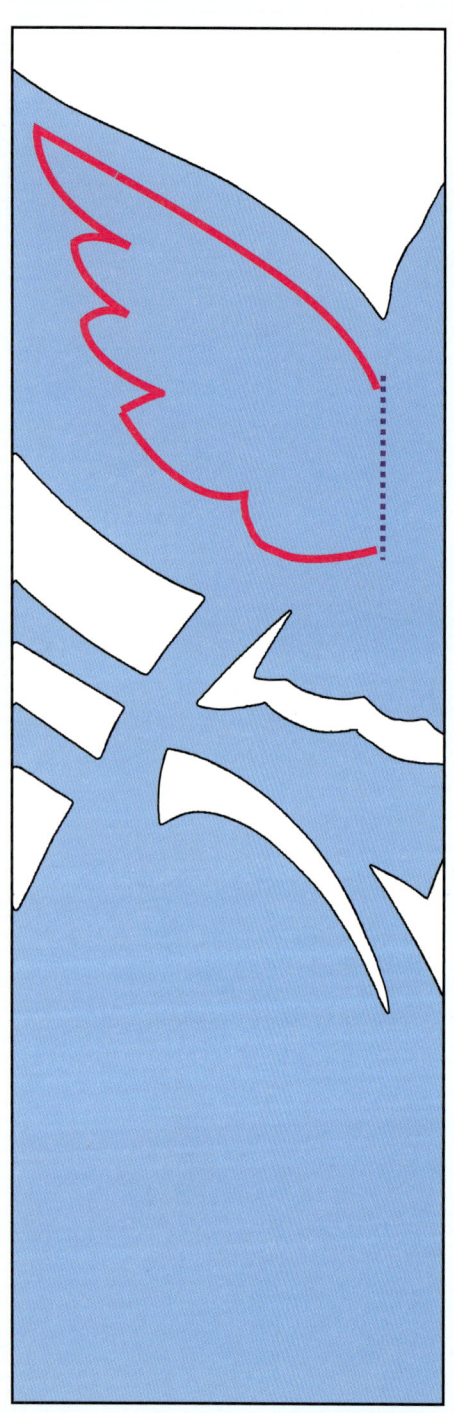

다 오려 내면 뒤집어서 종이의 겉면을 위로 향하게 합니다. 그런 뒤 접는 선을 전부 산접기 하고 풀칠을 이웃의 측면 안쪽에 붙여서 사각형으로 만듭니다.

복사비율
100%

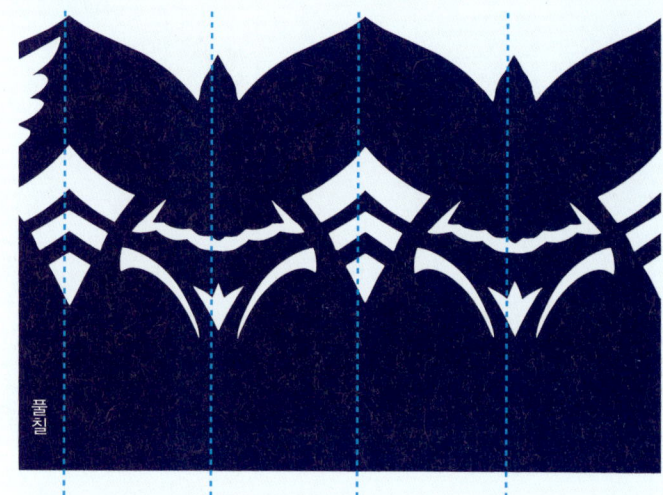

풀칠

┈┈┈┈ 산접기

풀칠이 겹친 부분은 그만큼 종이의 두께가 생기므로 오려 내기가 좀 어렵습니다. 가위는 뿌리 쪽에서, 커터칼은 칼날을 새로 꺾은 것으로 오려 내세요.

접는 선을 이용해서 칼집을 표시한 부분을 세웁니다.

───── 칼집　　┈┈┈┈┈ 접는 선

방안으로 쏟아져 들어온 햇살은,
스포트라이트가 된다.
작품이 찬란하게 빛난다.

B5 도화지를 4등분으로 접어서 만듭니다(종이 안쪽에 밑그림을 그릴 수 있도록 접으세요).

Design
98

복사비율
100%

다 오려 내면 뒤집어서 종이의 겉면을 위로 향하게 합니다. 그런 뒤 접는 선을 전부 산접기하고 풀칠을 이웃의 측면 안쪽에 붙여서 사각형으로 만듭니다.

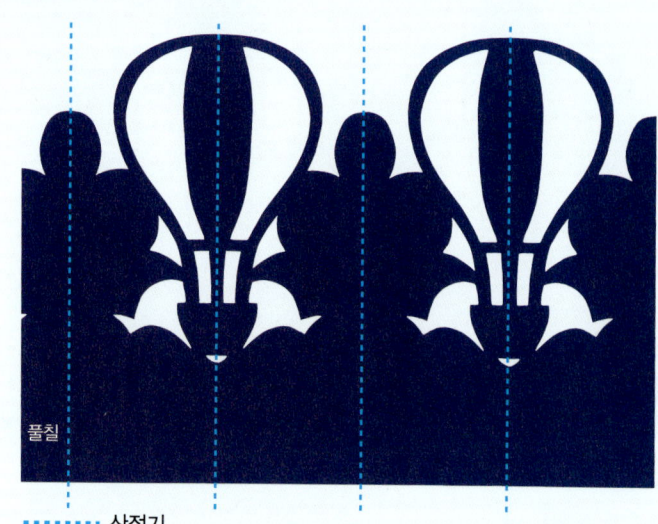

풀칠

············· 산접기

구름 사이를 여행하는 기구를 디자인했습니다. 크기나 색깔을 달리해서 몇 개쯤 만들어 나란히 놓으면, 많은 기구가 떠다니는 하늘의 디오라마가 완성됩니다.

다 오려 내면 뒤집어서 종이의 겉면을 위로 향하게 합니다. 그런 뒤 접는 선을 전부 산접기하고 풀칠을 이웃의 측면 안쪽에 붙여서 사각형으로 만듭니다.

복사비율 **100**%

풀칠

••••••• 산접기

검이 나란히 놓인 듯한 날카로운 인상의 작품입니다. 꽃병커버로 사용할 경우 꽃의 부드러움이 돋보이도록 하는 것은 어떨까? 하는 생각으로 디자인해 보았습니다.

B5 도화지를 4등분으로 접어서 만듭니다(종이 안쪽에 밑그림을 그릴 수 있도록 접으세요).

Design **100**

다 오려 내면 뒤집어서 종이의 겉면을 위로 향하게 합니다. 그런 뒤 접는 선을 전부 산접기 하고 풀칠을 이웃의 측면 안쪽에 붙여서 사각형으로 만듭니다.

복사비율 **100**%

풀칠

•••••• ▶ 산접기

사과가 주렁주렁 열린 나무를 만들어 보았습니다. 빨간색이나 녹색등, 색깔을 크게 구애받지 않는 디자인이므로, 방의 분위기나 용도에 따라 센스를 발휘해서 종이를 골라 보세요.

다 오려 내면 뒤집어서 종이의 겉면을 위로 향
하게 합니다. 그런 뒤 접는 선을 전부 산접기
하고 풀칠을 이웃의 측면 안쪽에 붙여서 사각
형으로 만듭니다.

복사비율
100%

풀
칠

········· 산접기

안에 양초를 넣어 어두운 방에 불을 밝히면 다양한 모양
의 하트기 벽에 비칩니다. 양초느 유리컵에 담아서 불이
종이에 옮겨 타지 않도록 주의하세요.

접는 선을 이용해서 칼집을 표시한 부분을 세웁니다.

──── 칼집   ········· 접는 선

MOTTO UMAKUNARU KIRIGAMI LESSON

ⓒ MAYUMI OHARA 2008
Originally published in Japan in 2008 by Seibundo Shinkosha Publishing Co,. Ltd.
Korean translation rights arranged through TOHAN CORPORATION, TOKYO.,
and BC Agency, SEOUL.

입체 종이오리기 인기 패턴 101

ⓒ 오하라 마유미, 2012

초판 1쇄 인쇄일 2012년 6월 8일
초판 1쇄 발행일 2012년 6월 12일

글 · 디자인 오하라 마유미   옮긴이 강현정
펴낸이 김지영   펴낸곳 작은책방
편집 김현주   디자인 박혜영
마케팅 김동준, 조명구   제작 · 관리 김동영, 김근삼, 신미혜

출판등록 2001년 7월 3일 제 2005-000022호
주소 121-895 서울시 마포구 서교동 400-16 3층
전화 (02)2648-7224   팩스 (02)2654-7696
홈페이지 www.jakeun.kr

ISBN 978-89-5979-265-8 13630

• 잘못된 책은 교환해 드립니다.